MW01519878

# L'adolescent

## LE
## DÉFI

de
**l'amour
inconditionnel**

Toute reproduction totale ou partielle de cet ouvrage de quelque façon que ce soit est strictement interdite.

Traduit de l'anglais
par Danièle Starenkyj

10ᵉ réimpression, décembre 2002

**Publications ORION inc.**
C.P. 1280, RICHMOND, (Québec)
Canada   J0B 2H0

Tél.: (819) 848-2888
Fax: (819) 848-2021

ISBN 2-89124-008-1

Copyright © 1982 Publications ORION Inc.,

Publication originale en anglais sous le titre de:
HOW TO REALLY LOVE YOUR TEENAGER
par Dr  Ross Campbell
Publié par Scripture Press Publications,
1825 College Ave., Wheaton Ill., U.S.A., 1981
Tous droits réservés.

Dépôts légaux — 3ᵉ trimestre 1982
Bibliothèque Nationale du Québec
Bibliothèque Nationale du Canada

# DR ROSS CAMPBELL

# L'adolescent

## LE
## DÉFI

### de
### l'amour
### inconditionnel

Titre en anglais

How To Really Love
Your Teenager

# Introduction

C'est une entreprise risquée et complexe que de guider un enfant à travers l'adolescence, et elle pose à la majorité des parents d'aujourd'hui de graves problèmes. La situation de l'adolescent, à presque tous les points de vue, se détériore d'année en année. Le suicide parmi ce segment de la population a tellement augmenté qu'il est maintenant la seconde cause majeure de mortalité parmi les personnes de 14 à 20 ans. Au cours des dernières années, le niveau de l'éducation et la qualité des résultats scolaires se sont progressivement abaissés alors que l'usage de la drogue, le crime, les grossesses, les maladies vénériennes et l'état de désespoir chez les jeunes fournissent tous des statistiques accablantes.

Qu'est-ce qui ne va pas? D'une façon générale, on peut dire que la principale source du problème s'avère les parents qui ne possèdent pas une idée équilibrée sur la manière de communiquer avec leurs adolescents. Ils ont, pour la plupart, des idées fausses au sujet de l'adolescence et ils ne savent ce qu'ils devraient exiger de leurs jeunes gens.

De plus, bien que la plupart des parents aiment sincèrement leurs adolescents, ils ne savent pas exprimer leur amour de manière à ce que ceux-ci se sentent aimés et acceptés. Pourtant les parents qui désirent réellement donner à leurs adolescents ce dont ils ont besoin peuvent apprendre à le faire.

Selon mon expérience, les parents qui mettent en pratique les principes exposés dans ce livre ont une possibilité supérieure de réussir à aider leurs adolescents à se développer adéquatement et à devenir des adultes responsables, mûrs et consciencieux.

Une partie du matériel de base de ce livre provient de mon ouvrage précédent, « Comment vraiment aimer votre enfant »*, mais comme les besoins de l'adolescent sont plus complexes que ceux d'un jeune enfant, il est nécessaire d'appliquer certains principes différemment.

Tandis que vous chercherez à intégrer les idées que suggère ce livre à une approche sérieuse et équilibrée qui vous permettra de communiquer avec votre adolescent, je crois que vous serez agréablement surpris de découvrir combien il peut être passionnant et satisfaisant de l'aimer vraiment.

---

* Disponible aux Publications ORION Inc.

# 1

# L'adolescent problématique

Les adolescents sont des enfants en transition; ils ne sont pas de jeunes adultes. Leurs besoins, y compris leurs besoins affectifs, sont ceux des enfants. Considérer un adolescent comme un «petit» adulte est une des erreurs les plus courantes que font les parents, les enseignants et les gens en général. C'est pourquoi, si souvent, ceux qui s'occupent des adolescents négligent leurs besoins enfantins de se sentir aimés et acceptés, d'être chéris et de savoir que quelqu'un se soucie réellement d'eux.

Beaucoup trop d'adolescents aujourd'hui ont le sentiment que personne ne prend véritablement soin d'eux. Il en résulte chez beaucoup d'entre eux un malaise: ils se sentent méprisables, désespérés, incapables d'initiative. Ils n'ont que peu de respect d'eux-mêmes. Ils se dénigrent à leurs propres yeux.

De nombreuses personnes décrivent les jeunes d'aujourd'hui comme «une génération apathique». Quelle en est la raison? — Il y a tant d'adolescents qui se voient d'une façon négative et qui se sentent inappréciés et sans valeur... Un tel concept de soi est un résultat naturel chez un enfant qui ne se sent pas véritablement aimé et entouré.

Les deux plus graves résultats de cette apathie sont la dépression et la révolte contre l'autorité. Des adolescents apathiques sont une proie facile pour ces personnes sans scrupule qui utilisent les jeunes pour leurs propres fins. Ils sont susceptibles d'être influencés par des groupes autoritaires qui offrent des réponses faciles et des promesses impossibles. Il existe heureusement des moyens d'empêcher cette apathie chez nos adolescents et de promouvoir des attitudes saines, énergiques, productives et créatrices.

## Les parents et les adolescents

Il est difficile d'être le parent d'un adolescent dans le monde actuel. Une des causes importantes de cet état de fait est que l'adolescent passe la majorité de son temps sous l'influence et le contrôle des autres: professeurs, copains, voisins, vedettes de télévision. Il n'est pas surprenant alors que de nombreuses personnes aient l'impression que, peu importe les efforts qu'elles mettent à être de bons parents, cela a peu d'effet sur leurs adolescents. Cela est faux, car toutes les preuves sont là pour témoigner que c'est le foyer qui, malgré tout, exerce la plus grande influence. En effet, le foyer, plus que tout autre chose, reste le facteur qui détermine le degré de joie, de sécurité et de stabilité d'un adolescent; c'est lui qui détermine son degré de confiance en soi et sa manière de réagir devant des situations nouvelles ou étranges. Il faut le comprendre: malgré les nombreuses distractions qui sollicitent l'adolescent, son foyer conserve sur sa vie l'influence la plus profonde.

Que je suis reconnaissant qu'il en soit ainsi! Et bien que cela nous impose à mon épouse et à moi-même une grande responsabilité en tant que parents, je désire néanmoins que mes enfants soient le reflet de mon foyer.

Un adolescent peut être plus grand, plus intelligent et plus fort que ses parents; il peut leur être supérieur à divers points de vue; cependant il n'est encore qu'un enfant qui continue à avoir besoin de se sentir aimé et accepté par ses parents, et s'il ne reçoit pas de la part de ses parents cette assurance inestimable qu'il est aimé et accepté, il ne deviendra jamais ce qu'il y a de mieux et ne fera jamais de son mieux. Il ne pourra atteindre tout son potentiel.

Ce bonheur d'être véritablement aimés et acceptés comme ils devraient l'être, très peu d'adolescents le possèdent, et cela bien que la plupart des parents aient de profonds sentiments d'amour envers eux. Leur erreur, cependant, est de croire que cet amour, ils le manifestent naturellement et efficacement alors qu'en réalité, parce qu'ils ne savent comment le faire, ils n'arrivent pas à transmettre ou à communiquer à leurs adolescents ce qu'ils ressentent dans leur cœur à leur égard.

Je travaille régulièrement avec des adolescents problématiques et je peux constater couramment que ce sentiment de ne pas être aimé et entouré par leurs parents est un leitmotiv obsédant qui se présente comme la cause ou le facteur qui aggrave leurs situations difficiles.

C'est là le sujet de ce livre qui se veut un livre de savoir faire dans le but d'aider les parents à apprendre *comment* aimer leurs enfants afin qu'ils soient ce qu'il y a de mieux, qu'ils agissent de leur mieux et qu'ils grandissent pour atteindre tout leur potentiel. Ma prière est que ce livre offre non seulement des réponses au parent abattu et confus mais qu'il lui offre aussi de l'espoir.

Pour ma part, j'aime les adolescents. Ils sont les êtres les plus attachants que je connaisse. Lorsqu'on leur donne ce dont ils ont besoin affectivement, ils sont capables de répondre d'une manière tellement saine et joyeuse qu'il m'arrive parfois de croire que mon cœur va éclater.

Certes, ils sont aussi capables de nous pousser aux limites extrêmes de notre tolérance et de notre patience. Oui, nous perdons parfois notre calme et notre maîtrise de soi et nous sommes portés à croire que nous ne possédons tout simplement pas ce qu'il faut pour répondre à leurs besoins. Il peut alors nous arriver de vouloir fuir et de tout abandonner.

Non! ne décrochez pas, chers parents! Notre persévérance sera récompensée. Il est infiniment merveilleux de voir nos adolescents se transformer en adultes sympathiques et productifs. Restons cependant réalistes. Cela ne sera jamais l'effet du hasard. Nous devrons y mettre le prix.

Je désire sincèrement que ce livre soit pour vous une source d'espoir. Je ne veux absolument pas qu'il vous donne des sentiments de culpabilité. Nous faisons tous des erreurs. Tout comme il n'y a pas d'enfant parfait, il n'y a pas de parent parfait non plus. Que la culpabilité que vous pouvez ressentir au sujet d'erreurs passées ne gâche pas vos efforts pour élever correctement vos adolescents.

La plupart des problèmes de l'adolescence peuvent être allégés ou résolus en corrigeant les tensions de la relation parent-adolescent. Cependant certains problèmes de l'adolescence peuvent être causés ou aggravés par des troubles neurologiques ou une dépression physiologique. Avant de régler la relation parent-adolescent, il faut que ces désordres qui sont du ressort de la médecine soient corrigés.

## Un cas typique: Debbie

«Je n'arrive pas à croire qu'elle a fait ça», disait Mme Batten alors qu'avec son mari, elle me dévoilait sa douloureuse histoire.

«Elle était une fille si gentille, toujours satisfaite. Elle ne nous avait jamais donné beaucoup de peine. Je pensais que nous donnions à Debbie tout ce dont elle avait besoin — des vêtements, des principes religieux, un bon foyer et tout le nécessaire. Elle semblait toujours heureuse. Pourquoi aurait-elle pu vouloir essayer de se tuer? Comment a-t-elle pu prendre ces pilules? Veut-elle réellement mourir ou cherche-t-elle à attirer l'attention? Je suis terriblement troublée. De plus, elle est devenue tellement odieuse et renfrognée que je ne puis lui parler et elle ne veut même plus m'adresser la parole. Tout ce qu'elle désire, c'est rester seule dans sa chambre. Ses notes à l'école sont devenues catastrophiques.»

Mme Batten était assise dans mon bureau de consultation, les épaules écrasées, les yeux ternes, sans leur éclat habituel, et alors qu'elle me racontait plus en détail les problèmes de sa fille, je pouvais m'apercevoir qu'elle était aussi bouleversée et qu'elle se sentait aussi seule qu'elle. J'avais devant moi un cas typique de cette ignorance profonde du savoir-aimer un adolescent.

Je lui demandai: «Quand avez-vous commencé à observer ces changements chez Debbie?»

«Il y a deux ou trois ans», me répondit Mme Batten, «mais ils furent si graduels que jusqu'à tout récemment, il ne nous était pas possible de penser qu'ils étaient sérieux. Voyons. Elle a maintenant 15 ans. Au cours des derniers mois de sa sixième année scolaire, nous avions remarqué qu'elle commençait à être fatiguée de plusieurs choses et tout d'abord de l'école. Ses notes commencèrent à baisser. Son professeur se mit à se plaindre qu'elle rêvassait et ne participait plus en classe. Il était vraiment inquiet à son sujet. J'aurais dû l'écouter. Mme Collins était un si bon professeur.

Puis, petit à petit, Debbie se mit à être fatiguée de vivre. Elle abandonna ses activités favorites l'une après l'autre et sembla perdre tout intérêt, y compris la fréquentation de l'église. Elle commença à éviter ses bons amis et à être de plus en plus solitaire. Elle parlait de moins en moins.

Mais tout empira au commencement de sa septième année scolaire. Elle se coupa complètement de ses vieux amis et se mit à courir avec des garnements qui étaient dans de mauvais draps la majorité du temps. Alors qu'elle leur devenait de plus en plus semblable, son attitude s'aggrava. Ces nouveaux copains ont souvent mis Debbie dans le pétrin, le vrai pétrin.

Mme Batten continua: «Nous avons presque tout essayé. D'abord, nous lui avons donné des fessées. Ensuite nous lui avons retiré certains privilèges puis certaines libertés. Nous lui avons interdit de sortir. Nous avons essayé de la récompenser lorsqu'elle se conduisait bien. Nous avons parlé à des tas de gens pensant qu'ils pourraient nous aider. Je crois sincèrement que nous avons tout essayé. Est-ce que quelque chose peut être fait pour Debbie?»

M. Batten se lança à son tour dans la conversation: «Nous sommes désespérés. Avons-nous failli à notre tâche en tant que parents? Nous avons certainement *essayé* de toutes nos forces. Son mal est-il héréditaire? Est-il physique? Devrions-nous exiger un test d'hyperglycémie provoquée ou un électroencéphalogramme? Y a-t-il certains minéraux ou certaines vitamines qui pourraient l'aider? Dr Campbell, nous aimons Debbie. Qu'est-ce qu'on peut faire? Son mal est-il incurable?»

Après que ses parents m'eurent quitté, je rencontrai Debbie. C'était une jolie fille avec des manières agréables. Bien qu'elle fut sans contredit intelligente, elle avait de la difficulté à parler d'une manière claire et distincte. Elle communiquait presqu'uniquement par des grognements avec beaucoup de «euh-euh». Debbie n'avait pas la spontanéité naturelle ni l'enthousiasme que nous aimons tant chez un jeune adolescent. Il était évident qu'elle était malheureuse et il était difficile de parler avec elle.

Cependant, lorsqu'elle se sentit plus à l'aise, elle se mit à parler plus librement et son contact visuel s'améliora. Sa conduite et ses paroles affirmaient qu'elle avait perdu tout intérêt dans ce qui autrefois lui tenait à cœur. Finalement elle avoua: «Tout m'est égal. Personne ne m'aime et je me fiche de tout. Ça n'a de toute façon pas d'importance.»

Au cours de la conversation, il devint évident que Debbie souffrait d'un problème de plus en plus fréquent et grave chez les adolescents : la dépression. Il était rare qu'elle se sente heureuse d'elle-même et satisfaite de la vie. Cela faisait des années que Debbie aspirait à une relation étroite et chaude avec ses parents mais, au cours des derniers mois, elle avait graduellement abandonné son rêve. Elle s'était tournée de plus en plus vers ses camarades, pensant qu'ils l'accepteraient avec plus d'amour. Son désarroi, cependant, n'avait fait que grandir.

Debbie est un exemple tragique et courant parmi les jeunes adolescentes. Debbie avait *l'air* heureuse et satisfaite pendant sa pré-adolescence. Pendant toutes ces années, elle avait été une enfant contente d'elle-même qui exigeait peu de ses parents, de ses professeurs ou des autres. C'est ainsi que personne n'avait pu soupçonner qu'elle ne se sentait pas réellement aimée et acceptée par ses parents. Quelle tragédie ! Bien qu'elle ait eu des parents qui l'aimaient profondément et qui s'occupaient d'elle, Debbie ne se *sentait* pas sincèrement aimée. Certes, intellectuellement, Debbie reconnaissait l'amour et les soins de ses parents et elle ne vous aurait jamais dit qu'ils ne l'aimaient pas, mais elle ne possédait pas ce sentiment crucial et précieux d'être complètement et inconditionnellement aimée et acceptée.

Une telle situation est difficile à saisir parce que les parents de Debbie sont réellement de bons parents. Ils aiment leur fille et ils s'occupent d'elle au mieux de leurs connaissances et de leur capacité. M. et Mme Batten ont essayé de mettre en pratique tout ce qu'ils ont appris et ils ont aussi suivi les bons conseils de certains experts. De plus, leur union est bonne. Leur relation est stable, ils s'aiment et se traitent mutuellement avec respect. Pourtant les

Batten, comme de nombreux autres parents d'aujourd'hui, rencontrent de réelles difficultés dans l'éducation de leurs enfants. Ils ne comprennent pas ce qu'il faut faire pour les guider efficacement à travers les différentes étapes de leur vie jusqu'à l'âge adulte.

Quand on pense aux pressions de plus en plus fortes qui s'exercent sur la famille moderne, il est facile de se décourager, d'être confus et pessimiste. L'augmentation du taux des divorces, les crises financières et économiques, le déclin de la qualité de l'éducation et la perte de confiance dans les dirigeants, tout cela crée des tensions émotionnelles chez tout le monde. Alors qu'en tant que parents nous nous sentons de plus en plus vidés physiquement, émotivement et spirituellement, il nous est également de plus en plus difficile de s'occuper de nos adolescents. Je crois que c'est l'enfant et particulièrement l'adolescent qui paie le plus cher pour ces temps difficiles. L'adolescent est la personne la plus vulnérable de notre société et son plus grand besoin, c'est l'amour.

Les parents de Debbie ont rempli leurs responsabilités au mieux de leurs possibilités dans l'éducation de leur fille et pourtant il y a quelque chose qui n'a pas marché : Debbie ne se *sent* pas véritablement aimée. Est-ce la faute des parents? Faut-il les blâmer? Je ne crois pas car M. et Mme Batten ont toujours aimé Debbie. Le problème est qu'ils n'ont jamais su manifester leur amour. Comme la majorité des parents, ils n'ont qu'une vague notion des besoins d'un enfant : de la protection, un toit, des vêtements, de la nourriture, une éducation, une orientation, de l'amour, etc... Ils ont essentiellement rempli chacun d'eux, excepté l'amour inconditionnel.

Je crois que les parents qui le désirent vraiment peuvent apprendre à donner à leurs adolescents ce dont ils ont besoin. Ces parents doivent apprendre à *transmettre* véritablement et efficacement leur amour à leurs adolescents. C'est la raison pour laquelle ce livre est écrit.

# 2

# Le foyer
# et
# son influence

Les parents doivent bâtir un foyer heureux où l'amour règne. C'est là leur première responsabilité. Dans ce foyer, la relation conjugale a plus d'importance que la relation parents-enfants car c'est de sa qualité que dépendent la sécurité de l'adolescent ainsi que la force des liens qui le rattacheront à ses parents. Il est donc de toute première importance que le mari et la femme aient entre eux les meilleures relations possibles car c'est sur cette base qu'ils pourront sérieusement essayer d'avoir une meilleure communication avec leur adolescent.

## Quelques cas

Ses parents m'amenèrent Chuck parce qu'il faisait l'école buissonnière, qu'il volait et désobéissait. Les Hargrave parlèrent de leur fils avec frustration et colère. L'intensité de leurs sentiments négatifs à l'égard de leur enfant m'inquiéta.

Chuck ne disait rien mais il était assis avec solennité, les yeux baissés et il écoutait les accusations de ses parents. Lorsqu'il ouvrit finalement la bouche, il le fit avec une voix douce et humble et avec de courtes locutions plutôt que des phrases.

Après que ses parents eurent quitté mon bureau, je passai quelques moments seul avec Chuck. Il était fâché mais il ne pouvait me dire exactement pourquoi. Il fut rapidement évident que Chuck était un garçon embrouillé. Il était embrouillé à son sujet et au sujet de sa relation avec ses parents. Il était aussi intrigué par sa propre mauvaise conduite car il était un garçon brillant qui n'avait jamais eu de problèmes scolaires. Il était bien aimé par ses camarades et n'avait pas de difficultés particulières avec ses professeurs. Il était aussi perplexe par ses vols d'autant plus qu'il n'avait pas besoin de ce qu'il volait et pire, il faisait, de toute évidence, tout pour être attrapé.

Le cas de Chuck n'est pas exceptionnel. Ses parents, quoique bien intentionnés, ont fait plusieurs erreurs dans son éducation. Leur mariage est en difficulté, essentiellement parce qu'ils n'ont pas su partager leurs sentiments et leurs opinions l'un avec l'autre. Mme Hargrave n'a jamais su exprimer à son mari sa colère légitime d'une manière directe, ouverte et saine mais elle le fait en se retournant contre lui d'une manière subtile et indirecte, par exemple, en gaspillant son argent. De son côté, M. Hargrave sentant qu'il ne peut être totalement franc avec sa femme, exprime sa colère en gardant le silence, en évitant tout contact visuel et en esquivant ses responsabilités de père et d'époux.

Chuck est allé à bonne école... Comme il n'existe pas chez les Hargrave de discussions franches et que chez eux, l'expression ouverte des sentiments est réprimée, Chuck manifeste sa colère en faisant des choses qui dérangent et bouleversent ses parents.

Du fait qu'il n'y a pas chez eux de communications normales, M. et Mme Hargrave n'ont jamais vraiment su quels étaient leurs sentiments ni leurs espérances réciproques au sujet de Chuck. Ils n'ont donc jamais pu se mettre d'accord sur les limites à appliquer à la conduite de Chuck ni sur une discipline appropriée.

Cela a également découragé Chuck qui n'a jamais su ce que ses parents attendaient de lui. C'était un garçon qui désirait naturellement plaire à ses parents mais comment aurait-il pu le faire? C'est pourquoi il abandonna un jour le désir de vivre selon leurs principes, principes que de toute façon il n'avait jamais vraiment connus.

Tous ces problèmes existaient parce que ses parents n'étaient jamais capables de vider leurs cœurs entre eux et d'arriver à une décision commune.

Permettez-moi de vous donner un autre exemple pour vous démontrer le rôle important que joue le lien conjugal dans l'éducation d'un adolescent. Roger est un garçon de 14 ans qui a été attrapé alors qu'il entrait par effraction dans une maison pour y voler plusieurs objets. Ses parents me l'amenèrent car, en plus, il échouait à l'école, il manifestait une attitude provocante et il était généralement d'une humeur maussade. Une étude du cas révéla qu'ils avaient avec lui des problème depuis plusieurs années. Roger avait l'habitude de désobéir, il défiait constamment l'autorité de ses parents et il finissait toujours par faire ce qu'il voulait en les manipulant. Il utilisait ce que l'un avait dit pour le retourner contre l'autre. Cette tactique causait des conflits entre les parents. Maman et papa se disputaient pour savoir quoi faire avec Roger alors que Roger n'en faisait qu'à sa tête.

Une évaluation du cas révéla que Roger souffrait de défauts de perception, qu'il était profondément déprimé et qu'il manifestait des traits passifs-agressifs (nous en discuterons au chapitre 7). Lorsque je leur donnai mes recommandations, les parents de Roger, avec leur manière typique de régler les problèmes se mirent à argumenter l'un avec l'autre au sujet de ce qui devait être fait. Même avec des recommandations professionnelles, ces pauvres parents étaient incapables d'arriver à des décisions logiques et intelligentes au sujet de leur fils.

Bien sûr, un de mes principaux objectifs dans ce cas fut d'aider les parents à améliorer leur propre relation afin qu'ils soient au moins d'accord au sujet de la discipline à appliquer pour leur fils. Ce n'est qu'à cette condition que Roger pourrait respecter ses parents, cesser de les utiliser l'un contre l'autre et apprendre à se conduire lui-même correctement.

## Le besoin de communiquer

Ces illustrations montrent bien que les problèmes conjugaux peuvent causer des difficultés à nos adolescents. Chaque adolescent, sans exception, a besoin de parents au mariage stable, basé sur le respect, l'amour et une bonne communication.

La capacité de communiquer ses sentiments et particulièrement ceux qui ne sont pas agréables, est indispensable dans le mariage. Cette capacité de dire honnêtement et ouvertement ce qu'on a sur le cœur est absolument critique et cela tout spécialement dans les périodes de stress. Plus, c'est elle qui déterminera si oui ou non un stress quelconque va consolider ou briser un mariage.

Dans mon propre mariage, j'ai, plus d'une fois, découvert, et cela, la plupart du temps dans des situations difficiles, combien il était important de communiquer. Je crois que la période la plus pénible de notre mariage fut celle qui a suivi immédiatement la naissance de notre deuxième fille, Cathy, née avec plusieurs difformités physiques. Déjà cela, fut pour moi très difficile à accepter. Mais lorsque Cathy eut environ un an, il devint progressivement apparent qu'elle était en plus profondément arriérée mentale et qu'elle souffrait d'une paralysie spasmodique accompagnée de graves convulsions. J'étais un mari et un père de 24 ans et je connus des sentiments dont je ne soupçonnais pas l'existence. Je ressentais de la colère, de la rage, une souffrance extrême et des sentiments de culpabilité et d'incapacité en tant qu'homme, en tant que père et en tant que mari. Je pouvais à peine le supporter. À plusieurs reprises, j'ai pensé tout simplement m'enfuir, d'autant plus que nous ne percevions aucune amélioration dans l'état de Cathy. Elle ne manifestait aucune compétence ni aucune habileté physique.

C'était un cauchemar que de veiller sur Cathy. Lorsque finalement elle se mit à ramper sur le plancher, ce fut pour se diriger vers la poubelle et essayer d'y manger les ordures. Elle essayait aussi de manger tout ce qu'elle pouvait porter à sa bouche. Elle ne sentait presque pas la douleur et souvent elle essayait de placer ses mains sur les ronds brûlants du poêle. Il fallait la surveiller de très près à chaque seconde car elle cherchait constamment à faire des choses qui étaient dangereuses pour elle.

Tout cela se passait alors que je faisais ma première année de médecine. Avec les frais que Cathy occasionnait et les pressions que l'école de médecine m'imposait, notre situation financière était plutôt morne. Je me rappelle qu'à plusieurs reprises je me suis demandé comment notre mariage pourrait jamais survivre.

Pat a toujours été le partenaire de notre mariage qui avait le plus de maturité affective. Cette souffrance au sujet de Cathy et notre situation infernale devait être aussi difficile pour elle que pour moi. Cependant sa réaction était à l'opposé de la mienne. Au milieu d'un déchirement de coeur constant, Pat cherchait à satisfaire tous les besoins de Cathy avec patience, gentillesse et un amour dévoué. Elle ne s'abandonnait que rarement aux sentiments d'agonie qui me poussaient à fuir. Sa beauté intérieure faite d'amour, de gentillesse et de patience dépassait ma compréhension et le pire, c'est que je n'arrivais même pas à apprécier ses qualités comme j'aurais dû le faire car elles contrastaient avec mon incapacité à faire face à la situation. Je sentais que sa maturité me faisait passer pour un piètre mari et un mauvais père. Je lui en voulais pour cela et je tendais à m'éloigner d'elle et de Cathy chaque fois que je pouvais raisonnablement le faire.

Pourtant j'aimais sincèrement Pat et je réalisais bien que plutôt que de l'aider je ne faisais qu'alourdir son fardeau écrasant. C'est ainsi que je me sentais coupable et totalement impuissant. J'allai voir plusieurs personnes pour chercher de l'aide. Je leur demandai comment traiter cette agonie, mais personne ne comprit de quoi je parlais.

Je crois que les choses empirèrent d'une façon absolue lorsque la méthode dite du «patterning» devint en vogue pour traiter les enfants comme Cathy. Il fallait cinq personnes pour bouger ses bras, ses jambes et sa tête en mouvements coordonnés qui simulaient l'action de ramper. Cela mobilisait la totalité des ressources de notre famille plusieurs heures chaque jour. Cette consommation absolument écrasante de notre temps et de nos efforts fut à peu de choses près la tonne qui devait briser le dos des Campbell.

Par la suite nous devions découvrir, comme l'ont fait de nombreuses autres personnes, qu'il n'y a pas de fondement logique au «patterning» mais que c'était une perte totale de temps. Mais avant que nous arrivions à cette conclusion, notre famille était en lambeaux.

Cependant même à ce point de profondes ténèbres, Pat continuait son maternage avec gentillesse, amour et une patience incroyable. Elle n'avait pas perdu sa paix ni son extraordinaire beauté intérieures.

Quant à moi, c'est à peine si j'arrivais à sauver la face. Du matin jusqu'au soir, je souffrais dans mon for intérieur pour Cathy. J'avais de la difficulté à me concentrer sur mes études et je n'arrêtais pas de me tracasser au sujet de notre situation financière. En un mot, j'étais misérable et je craignais de ne pouvoir supporter tout cela encore longtemps. Je me demandais: «Combien de stress faut-il qu'un mariage supporte? Le nôtre va-t-il se briser ou tout simplement mourir?»

Cathy avait maintenant cinq ans. La situation était, en général toujours la même mais ses convulsions empiraient et elles étaient de moins en moins maîtrisées par les médicaments. Bientôt le moindre changement dans son environnement provoquait une convulsion, ce qui amenait Cathy à ne pas manger pendant trois jours. Lorsque la fréquence de ses convulsions augmenta à plusieurs par jour, il fallut la nourrir au moyen de tubes. Il était maintenant évident que Cathy ne pouvait plus survivre en dehors d'un hôpital. Alors arriva le moment où nous avons dû prendre la décision la plus difficile de notre vie: placer Cathy définitivement dans un hôpital pour arriérés mentaux. Imaginez-le! remettre notre précieuse petite fille de cinq ans à des individus que nous ne connaissions même pas! À ce moment-là, je ne savais vraiment plus si je pourrais supporter cela. Mais une fois de plus, je remarquai ma chère, ma très chère épouse Pat. Bien qu'elle luttât avec autant de douleurs et d'agonie que moi, elle savait ce que nous avions à faire, elle put en prendre la décision, trouver le courage de l'accepter et ne jamais perdre sa paix et sa beauté intérieures.

J'apprends lentement. Mais cette fois-là, au lieu de lutter jusqu'à la dernière goutte de mon énergie bourrelée de remords devant une situation inchangeable et d'en vouloir en plus à ma femme pour sa façon extraordinaire de réagir aux agonies les plus insupportables de la vie, je compris que j'avais beaucoup à apprendre d'elle. Elle m'avait fait comprendre, comme seule une femme peut le faire, comment il faut vivre au sein des situations les plus intenables de la vie.

Chaque type de personnalité a ses avantages et ses désavantages. Dans cette situation avec Cathy,

Pat était la plus forte et j'avais besoin d'apprendre d'elle et parfois de m'appuyer sur elle. En d'autres circonstances, il m'arrive d'être plus à la hauteur et alors c'est à mon tour d'aider Pat.

La leçon à tirer de tout cela, c'est qu'il faut comprendre que tout mariage va subir des stress. Le stress va-t-il blesser et détruire le mariage ou va-t-il l'affermir? Cela dépendra de la *réponse* du mari et de la femme à ce stress. Ma première réponse à une situation cruelle fut destructive. J'avais tendance à l'éviter, laissant Pat porter le fardeau entier à elle toute seule. Par son exemple conséquent, elle m'apprit à vivre mes engagements en tant que mari et père ainsi qu'à prendre mes responsabilités et alors que je le faisais, mon amour pour elle grandit. J'ai appris à faire face à une peine intérieure plutôt que de la fuir et maintenant Pat et moi-même, sommes capables de résoudre ensemble ces problèmes générateurs de souffrance morale.

Chers parents, si nous pouvons persévérer et surmonter les problèmes qui infligent à nos mariages des stress, nous grandirons en tant qu'époux. Si nous tenons à remplir notre responsabilité conjugale et à la considérer comme un engagement à vie, nous grandirons ensemble dans l'amour, l'appréciation et le respect. Nous devons vivre, penser et agir comme si la seule alternative que nous possédons est *de faire marcher notre mariage*. Oui, cela *exige* du travail, *un travail sérieux* et il faut pour cela que les deux conjoints se soient engagés à vie. De nombreux mariages actuels sont basés sur une attitude qui s'exprime à peu près comme suit: «Attendons et voyons. Faisons un essai et si ça ne marche pas nous nous quitterons.» Aucun mariage ne peut réellement réussir sur une telle base. Aujourd'hui, y a-t-il quelque chose de plus rare qu'un engagement matrimonial absolu et pour la vie? Notre genre de vie est basé sur l'intégrité de la famille. Cependant, si elle n'est pas réanimée et remise en valeur, l'institution du mariage est appelée à disparaître.

## Le renversement des rôles

Une situation plutôt courante de nos jours est le renversement des rôles, situation dans laquelle un parent demande à un enfant de combler ses besoins affectifs. Alors que cela peut arriver dans n'importe quel foyer, cela arrivera plus facilement dans une famille mono-parentale.

Certains parents seuls sont tentés d'utiliser leurs adolescents comme des collègues ou des confidents et il leur est difficile de régler ce problème car ils n'ont pas de conjoints pour partager avec eux les soucis adultes du foyer.

Les parents seuls, à cause de leur solitude, du sentiment de ne pas être à la hauteur de leur tâche ou de leur rôle, de la dépression ou pour toute autre raison, trouvent par moment qu'il leur est difficile de ne pas traiter leurs adolescents comme des contemporains. Ces parents peuvent avoir tendance à partager intimement des informations personnelles que l'adolescent n'a pas encore la maturité de comprendre. De tels parents cherchent à être «les meilleurs amis» de leurs adolescents plutôt que de maintenir de saines relations parent-enfant.

J'ai observé des exemples extrêmes de cet état de fait. Jim était un garçon de 16 ans qui s'enivrait fréquemment avec son père dans un bar. Jim en était arrivé là à cause de son père qui était seul et qui n'avait pas d'amis mais celui-ci se tranquillisait la conscience en se disant qu'il était en train «de faire un homme» de son fils.

Je me rappelle aussi de Julie. Sa mère demandait à son ami d'amener avec lui un copain pour Julie afin que tous les quatre puissent sortir ensemble. Voilà vraiment des exemples extrêmes. Cependant, le renversement des rôles n'est pas exceptionnel. Sous des formes moins accentuées, les adolescents sont ainsi très fréquemment malmenés. Ce n'est *pas* comme ça que l'on remplit ses devoirs en tant que parent. C'est au parent de combler les besoins affectifs de son enfant ou de son adolescent. Lorsque le contraire se produit, il s'agit d'un renversement de rôle et cela est malsain. Un adolescent qui doit remplir les besoins affectifs de son parent *ne peut pas* se développer normalement.

Que nous soyons marié ou célibataire, en tant que parent nous devons toujours maintenir notre position de père ou de mère dans le foyer. Nous avons la responsabilité de combler les besoins affectifs de nos adolescents. Si nous renversons cette loi naturelle en leur demandant de nous nourrir affectivement, nous leur faisons du mal et nous détruisons notre relation avec eux. Nous devons obtenir notre nourriture affective ailleurs, mais jamais chez nos enfants.

Je n'ai jamais aimé me poser en autorité pour personne et tout particulièrement pas pour mes enfants. Je suis, moi aussi, tenté de traiter mes enfants comme des amis contemporains, mais je n'ose le faire. Certes, je suis aimable et amical avec eux et j'aime rire et avoir du plaisir avec eux. À l'occasion, je partage avec eux des informations personnelles appropriées, mais je le fais dans un seul but : les éduquer et jamais pour me satisfaire affectivement. Je ne dois pas oublier que je suis leur père et qu'ils ont besoin de mon autorité et de ma gouverne. Si j'abandonne ou si je néglige ma responsabilité d'être l'autorité dans mon foyer, — avec Pat naturellement, car elle aussi doit assurer sa position d'autorité, — mes enfants ne seront pas heureux. Ils ne se sentiront pas en sécurité et ils auront tendance à acquérir de mauvais comportements.

Je ne dois pas utiliser mes enfants ou mes adolescents comme des conseillers, des épaules sur lesquelles je peux pleurer, des supports moraux ou des collègues. Bien sûr, je peux à l'occasion leur demander leur opinion ou leurs conseils, pour autant que je ne le fasse pas de manière à les inciter à me nourrir affectivement. Je ne peux leur demander de faire en sorte que je me sente mieux. Il n'y aurait pas moyen d'être ferme envers mes adolescents de façon constante, si je dépendais d'eux pour mon bien-être affectif.

En tant que parents, notre première responsabilité est de faire sentir à nos enfants que nous les aimons véritablement. Notre deuxième responsabilité est d'être pour nos enfants des figures d'autorité et de les discipliner avec amour.

# 3

# Aimer

## sans

## conditions

Le fondement, la base de toute relation solide avec votre adolescent, c'est l'amour inconditionnel, car lui seul peut éviter les problèmes de rancœur, de culpabilité, de peur ou d'insécurité que cause le sentiment de ne pas être accepté.

En tant que parent, vous ne pouvez avoir confiance en vous-même que dans la mesure où votre relation de base avec votre adolescent est construite sur l'amour inconditionnel. En dehors de ce fondement, il vous sera impossible de comprendre réellement votre adolescent, de savoir comment le guider ou de vous occuper de sa conduite.

En dehors de l'amour inconditionnel, la tâche de parent est un fardeau frustrant qui n'apporte que de la confusion. Un tel amour est une lumière qui vous guide afin de vous révéler où vous en êtes avec votre adolescent et ce qu'il vous reste à faire. Lorsque l'amour inconditionnel est votre point de départ, vous pouvez alors développer votre savoir-faire et votre compétence pour guider votre adolescent et combler ses besoins sur une base quotidienne. Ceci vous permettra également de savoir où vous réussissez en tant que parent et où vous échouez.

Vous aimeriez avoir l'assurance que vous êtes un bon parent. De nombreuses personnes se demandent si cela est possible. Laissez-moi vous dire qu'il est tout à fait possible d'*être* à la fois un bon parent et de *sentir* avec assurance qu'il en est ainsi.

## Qu'est-ce que l'amour inconditionnel?

L'amour inconditionnel implique que vous aimerez un adolescent envers et contre tout peu importe ce que c'est.

● Peu importe son apparence.

● Peu importe ses avantages, ses dispositions, ses handicaps.

● Peu importe sa conduite.

Cela ne veut pas dire que vous allez toujours aimer ce qu'il va faire mais l'amour inconditionnel va vous amener à aimer votre adolescent même lorsque vous détesterez sa conduite.

L'amour inconditionnel est un idéal à atteindre. Vous ne pouvez aimer un adolescent — ou n'importe qui d'autre — cent pour cent du temps, mais plus vous vous approcherez de ce but, plus vous vous sentirez satisfait et confiant et plus votre adolescent sera agréable et content.

Pour ma part, je n'arrive pas à ressentir de l'amour pour mes adolescents tout le temps. Mais je peux affirmer que j'essaie d'atteindre ce but merveilleux: les aimer inconditionnellement. Pour m'aider à y arriver, je me rappelle constamment que:

● les adolescents *sont* des enfants.

● les adolescents ont tendance à agir comme des adolescents.

● la plus grande partie de la conduite des adolescents est désagréable.

- si je fais ma part en tant que parent et si je les aime en dépit de leur conduite désagréable, ils seront capables de mûrir et d'abandonner leurs actions pleines d'immaturité.

- si je ne les aime que lorsqu'ils me font plaisir (amour conditionnel) et si je ne leur manifeste mon amour qu'à ces moments-là, ils ne se sentiront pas véritablement aimés. Cela, à son tour, les amènera à ne pas se sentir en sécurité, cela détruira l'image qu'ils ont d'eux-mêmes et en fait les empêchera de parvenir à une conduite plus mûre. C'est ainsi que l'amélioration de leur conduite est autant leur responsabilité que la mienne.

- si je les aime inconditionnellement, ils auront une bonne image d'eux-mêmes et ils se sentiront à l'aise avec eux-mêmes. Ils pourront dominer leur anxiété et, par la suite, au fur et à mesure qu'ils grandissent et deviennent des adultes, leur conduite.

- si je les aime seulement lorsqu'ils répondent à mes attentes ou à mes exigences à leur égard, ils se sentiront incompétents. Ils croiront qu'il est inutile de faire de leur mieux car cela n'est jamais assez. Ils seront harcelés par l'insécurité, l'anxiété et une piètre opinion d'eux-mêmes. Ces sentiments seront des barrières constantes à la croissance et à la maturité de leur comportement et de leur affectivité. Une fois de plus, leur croissance complète est autant ma responsabilité que la leur.

- par égard pour moi-même, un parent toujours en lutte, et pour l'amour de mes enfants, je prie pour que mon amour soit aussi inconditionnel que possible. L'avenir de mes adolescents dépend de ce fondement.

## « M'aimez-vous ? »

Savez-vous quelle est la question la plus importante qui hante l'esprit de votre adolescent ? Sans même en être conscient, il demande continuellement: «M'aimez-vous?» Cette question, d'une façon absolue, est la plus importante de sa vie et ce n'est pas avec des mots qu'il la pose mais avec des gestes, à travers sa conduite.

«M'aimez-vous?» Votre réponse est au plus haut point déterminante. Si vous répondez «non», votre adolescent n'atteindra jamais tout son potentiel et il n'agira pas au mieux, de sa capacité. Il faut donc que vous puissiez répondre «oui». Mais là est le problème, peu de parents disent «oui». Oh! ce n'est pas qu'ils n'aiment pas, non, mais ils ne savent pas comment dire «oui». Ils ne savent pas manifester leur amour à leurs adolescents.

Si vous aimez votre adolescent inconditionnellement, il sentira que votre réponse à sa question est «oui». Si vous l'aimez conditionnellement, il manquera d'assurance et sera enclin à faire de l'anxiété. Votre réponse à cette question critique «M'aimez-vous?» déterminera en bonne partie l'attitude fondamentale que votre adolescent aura envers la vie. Vous rendez-vous compte combien elle est cruciale?

Une des principales raisons pour lesquelles les parents ne savent pas communiquer leur amour à leurs adolescents est que ceux-ci, tout comme les jeunes enfants, sont *orientés vers les comportements* alors que les adultes sont en premier lieu orientés *vers les mots*.

Laissez-moi vous donner un exemple. Je me trouve dans les montagnes de la Caroline du Nord, en train d'écrire, alors que ma famille est restée à Chattanooga. Si j'avais ici un téléphone, je pourrais faire de mon épouse la femme la plus heureuse du comté d'Hamilton. Je pourrais l'appeler et lui dire quelque chose comme ceci: «Bonjour, Pat! Je voulais seulement te dire combien je t'aime.» Elle monterait au neuvième ciel. Cependant, si je prenais le même téléphone et si j'appelais Dale, mon fils de neuf ans, pour lui dire: «Bonjour Dale, c'est ton papa. Je voulais juste te dire que je t'aime», savez-vous quelle serait tout probablement sa réaction? «C'est bien papa, mais pourquoi téléphones-tu?»

Vous comprenez la différence? Ma femme est orientée vers les mots et l'expression verbale de mon amour a pour elle une profonde signification. Mon fils est orienté vers les comportements. Bien que l'expression verbale de mon amour pour lui soit importante, elle est tout à fait insuffisante pour qu'il se sente réellement, véritablement et inconditionnellement aimé. Si j'appelais David, mon fils de 13 ans, sa réaction serait presque identique à celle de Dale. L'expression verbale de mon amour aurait plus de signification pour Carey, ma fille de vingt ans, mais là encore, pas autant que pour Pat, mon épouse.

Si vous avez dans votre cœur un chaud sentiment d'amour pour votre adolescent, c'est merveilleux, mais ce n'est pas suffisant. Il est extraordinaire de dire à un adolescent: «je t'aime», et il faudrait le faire, mais ce n'est pas assez. Si vous voulez que votre adolescent *sache* et *sente* que vous l'aimez, vous devez aussi l'aimer avec des gestes et des actes, car il est encore fondamentalement orienté vers les comportements. Ce n'est qu'à ce moment qu'il pourra, dans son cœur, dire «oui, mes parents m'aiment». Votre adolescent constate votre amour à son égard à travers ce que vous *dites* et ce que vous *faites*. Mais ce que vous *faites* a plus de poids. Votre adolescent est beaucoup plus affecté par vos actions que par vos mots.

Il est également important que vous vous rappeliez que votre adolescent a un réservoir affectif. Ce réservoir, naturellement, est figuratif, mais son concept est très réel. Votre adolescent a certains besoins affectifs et selon qu'ils sont comblés ou non (à travers l'amour, la compréhension, la discipline), ils déterminent comment il se sent: content, fâché, déprimé ou heureux. Ce réservoir émotif plein ou vide, affecte également très fortement sa conduite: il sera obéissant, désobéissant, geignard, désinvolte, enjoué ou renfermé. Naturellement, plus son réservoir sera plein, plus ses sentiments seront positifs et meilleure sera sa conduite.

Maintenant, permettez-moi de faire une des plus importantes déclarations de ce livre: VOUS NE POUVEZ ESPÉRER QUE VOTRE ADOLESCENT SOIT LUI-MÊME ET AGISSE DE SON MIEUX QUE DANS LA MESURE OÙ SON RÉSERVOIR AFFECTIF EST PLEIN. Ainsi, votre responsabilité en tant que parent est de faire tout en votre pouvoir pour garder son réservoir affectif plein.

## Des réflecteurs d'amour

On peut s'imaginer que les enfants et les adolescents sont comme des miroirs. En général, ils reflètent l'amour mais ils ne l'amorcent pas. Si on leur donne de l'amour, ils le rendent, mais s'ils n'en reçoivent pas, ils n'ont rien à donner en retour. L'amour inconditionnel est reflété inconditionnellement et l'amour conditionnel est retourné conditionnellement.

Pour vous donner un exemple qui vous montrera comment les enfants reflètent l'amour, pensons à nouveau à Debbie que nous avons rencontrée au premier chapitre. L'amour entre Debbie et ses parents est un exemple d'amour conditionnel. Ses parents, malheureusement, croyaient qu'ils devaient continuellement la pousser à faire mieux et ils s'y prenaient en ne lui manifestant aucune appréciation, chaleur ou affection, si ce n'est à l'occasion d'une action extraordinaire c'est-à-dire uniquement lorsqu'ils se sentaient, eux, fiers d'elle. En dehors de ces moments particuliers, ils lui refusaient leur amour, car ils pensaient que trop d'approbation et d'affection la gâteraient et amoindriraient son désir d'être meilleure. Au fur et à mesure que Debbie grandissait, elle se mit à sentir de plus en plus que ses parents ne l'aimaient vraiment pas ou qu'ils ne l'appréciaient pas pour elle-même mais que la seule chose qui les intéressait était leur propre estime en tant que parents.

Alors que Debbie atteignait l'adolescence, elle avait fort bien appris de ses parents comment aimer conditionnellement. Elle ne se conduisait de manière à leur plaire que lorsque ceux-ci faisaient quelque chose de spécial pour elle. Naturellement, dans cette famille, comme tout le monde agissait de la même manière, personne n'arrivait à communiquer de l'amour: Chacun attendait que l'autre fasse quelque chose le premier.

Voilà un résultat typique de l'amour conditionnel. La communication de l'amour s'arrête jusqu'à ce que l'autre fasse quelque chose de très agréable qui remettra tout en marche. Chacun est de plus en plus déçu, confus et dérouté. Bientôt la dépression, la colère et la rancœur s'installent. Dans le cas des Batten, cela les amena à chercher de l'aide.

## Des réservoirs affectifs

Comme nous l'avons déjà dit auparavant, émotivement, affectivement, les adolescents sont des enfants. Pour vous donner une illustration de ce fait, étudions en quoi un adolescent ressemble à un enfant de deux ans: Tous deux ont des désirs d'indépendance et tous deux ont des réservoirs affectifs; l'un et l'autre désirent être indépendants et à cette fin ils utilisent l'énergie qui leur vient de leur réservoir affectif; lorsque celui-ci est à sec, l'adolescent et l'enfant de deux ans font la même chose, ils retournent tous deux vers le parent pour faire le plein afin de pouvoir à nouveau tendre vers l'indépendance.

Par exemple, supposons qu'une mère a amené son enfant de deux ans dans un lieu qui lui est inconnu, à une réunion quelconque. Au début, l'enfant s'accroche à sa mère pour recevoir un soutien émotif.

Lorsque son réservoir affectif est plein, l'enfant commence alors à exercer son indépendance en faisant quelques explorations. Au début, tout ce qu'il peut faire c'est simplement se tenir près de sa mère et regarder autour de lui, mais alors que son réservoir affectif se vide, l'enfant va à nouveau chercher sa mère pour faire le plein grâce au contact visuel, au contact physique et à l'attention concentrée. Bientôt, il est à nouveau prêt à exercer son indépendance. Maintenant, avant que son réservoir soit à sec, il peut se rendre jusqu'à la fin de la rangée de chaises où est assise sa mère ou encore il peut entrer en communication avec une autre personne qui se trouve auprès d'elle.

Vous comprenez ce qui se passe? L'enfant doit constamment revenir auprès de son parent pour remplir à nouveau son réservoir affectif et cela afin de pouvoir poursuivre la quête de son indépendance. C'est exactement la même chose qui se passe avec l'adolescent et tout particulièrement le jeune adolescent. Il peut recourir à divers moyens pour exercer son indépendance et parfois les moyens qu'il trouve sont plutôt perturbants ou bouleversants. Pour cette démarche, il a besoin de l'énergie de son réservoir affectif et où en fera-t-il le plein? Bien sûr chez ses parents! Un adolescent va chercher à affirmer son indépendance par des moyens typiques de l'adolescence: il fera des choses tout seul, ira dans des endroits sans sa famille, il défiera les règles de ses parents. Mais au bout d'un certain temps, il fera une panne sèche et il reviendra vers ses parents pour un nouveau remplissage et en tant que parents d'adolescents, c'est ce que nous devons désirer. Nous devons désirer que notre adolescent puisse venir à nous, chaque fois qu'il en aura besoin, pour sa mise au point affective.

Voilà plusieurs raisons pour lesquelles ce remplissage est tellement important:

• Les adolescents ont besoin d'une très grande quantité de soins affectifs pour pouvoir agir de leur mieux, pour grandir et atteindre tout leur potentiel.

• Ils ont désespérément besoin d'avoir des réservoirs affectifs pleins afin de ressentir la sécurité et la confiance en eux qu'ils doivent posséder pour faire face aux pressions de leurs copains et aux autres exigences de leur société d'adolescents. Sans cette confiance, les adolescents ont tendance à succomber aux pressions de leurs semblables et ils ont de la difficulté à maintenir des valeurs morales saines.

• Le remplissage affectif est crucial, car alors qu'il a lieu, il est possible de garder ouvertes les lignes de communication entre les parents et les adolescents. Lorsque le réservoir d'un adolescent est vide et qu'il cherche l'amour de ses parents, la communication est beaucoup plus facile.

La majorité des parents ne savent pas du tout combien il est important pour leur adolescent qu'il se sente libre de venir à eux pour faire le plein de son réservoir affectif. Alors que l'adolescent recherche son indépendance, il peut bouleverser ses parents à un tel point que ceux-ci vont se mettre à réagir avec une émotivité exagérée et généralement avec une colère excessive. Cette attitude, lorsqu'elle survient avec trop de démesure ou trop fréquemment, rend extrêmement difficile et peut-être même impossible le retour de l'adolescent vers ses parents pour ses remplissages affectifs. C'est au moment où la communication parent-enfant est rompue qu'un adolescent peut se tourner vers ses copains pour rechercher auprès d'eux les soins affectifs dont il a besoin. Cette situation est dangereuse et fréquemment désastreuse. En effet, c'est à ce moment que l'adolescent devient très susceptible de céder aux pressions de ses copains, aux influences de cultes religieux et aux personnes sans scrupule qui abusent des jeunes gens.

Lorsque votre adolescent vous met à l'épreuve en essayant d'être indépendant par une conduite inappropriée, vous devez être prudent et veiller à ne pas réagir avec une émotivité exagérée. Cela ne veut pas dire qu'il faille passer par-dessus une mauvaise conduite. Vous devez exprimer vos sentiments honnêtement mais d'une manière convenable: sans colère extrême, sans cris, sans paroles grossières, sans attaques verbales envers votre enfant et sans perdre la maîtrise de vous-même de toute autre manière. Regardez-le sous cet angle: Si quelqu'un que vous connaissez réagit avec excès et sort de ses gonds, cela n'affecte-t-il pas vos sentiments à son égard? Votre respect pour lui ne diminuera-t-il pas et cela d'autant plus qu'il perd le contrôle de lui-même souvent?

Plus un parent perd la maîtrise de lui-même en présence de son adolescent, moins ce dernier éprouve de respect pour lui. Vous devriez faire tous vos efforts pour conserver votre sang-froid, peu importe la manière dont votre adolescent exprime son désir d'indépendance. Vous devez aussi veiller avec soin à garder ouvertes les voies par lesquelles votre adolescent peut retourner vers vous pour faire à nouveau le plein de son réservoir affectif. Ceci est crucial si vous désirez que votre adolescent atteigne l'âge adulte sain et sauf.

# 4

# L'attention concentrée, une preuve d'amour

Il faut du temps pour fournir une attention concentrée à un adolescent et c'est pourquoi elle est plus difficile à offrir qu'un contact visuel ou physique. Il est rare que les parents aient à faire un réel sacrifice pour établir ces contacts mais l'attention concentrée exige du temps et parfois beaucoup de temps. Oui, elle demande un réel sacrifice car vous aurez souvent à la manifester alors que vous aimeriez plutôt faire autre chose. En effet, il arrive souvent que, au moment précis où les parents ont le moins envie de la lui donner, l'adolescent ait un besoin désespéré d'attention concentrée.

Donner de l'attention concentrée à votre adolescent c'est lui donner votre pleine et entière attention d'une manière telle qu'il se sente réellement aimé et qu'il puisse savoir qu'il a tant de valeur en lui-même qu'il mérite votre vigilance, votre appréciation et votre respect absolu. Une attention concentrée doit permettre à votre adolescent de sentir qu'il est pour vous, ses parents, la personne la plus importante au monde.

Il est intéressant de découvrir combien la Bible a en haute estime les enfants. Le roi David les appelle un «héritage de l'Éternel» [1]. Christ a dit que personne ne devait empêcher les petits enfants de venir à Lui et Il a donné cet avertissement à ceux qui les outrageaient: il vaudrait mieux pour eux qu'ils soient morts [2]. Il a également dit qu'à moins que nous ne devenions devant Lui comme des petits enfants, nous n'entrerons pas dans le royaume des cieux [3].

Il faudrait que l'on puisse donner aux adolescents le sentiment qu'ils sont des individus uniques. Peu d'adolescents possèdent ce sentiment, mais quelle différence cela fait en eux, lorsqu'ils l'ont! Or, ils ne peuvent recevoir ce message qu'à travers une attention concentrée. Elle est donc excessivement importante pour le développement de leur estime personnelle. Plus, elle affecte profondément leur capacité de créer des liens et d'aimer les autres.

Je le répète, je crois qu'une attention concentrée est le besoin le plus exigeant de l'adolescent. Malheureusement, la majorité des parents ont réellement de la difficulté à reconnaître ce besoin et encore plus de difficulté à le combler. Il y a à cela plusieurs raisons: D'abord, ces autres choses qu'ils font pour leurs adolescents, les faveurs, les cadeaux et les permissions spéciales qu'ils leur accordent, semblent pour un temps remplacer une attention concentrée. Ces choses peuvent être bonnes en elles-mêmes, mais c'est une erreur grave que de les utiliser à la place d'une réelle attention concentrée. Ensuite cette substitution est tentante pour les parents car les faveurs et les cadeaux sont plus faciles à donner et ils prennent moins de temps. Cependant, les adolescents n'agissent pas, ils ne se sentent pas et ils ne se conduisent pas de leur mieux s'ils ne reçoivent pas cette précieuse commodité: une attention concentrée de la part de leurs parents.

# Les priorités

Il est impossible que je puisse m'occuper de chaque obligation et de chaque responsabilité de ma vie comme je le voudrais. Il n'y a tout simplement pas assez de temps pour tout cela. Alors que faire? La seule solution possible — et elle n'est pas facile — est que je détermine quelles sont mes priorités, que j'établisse mes objectifs et que je planifie mon temps pour les accomplir. Je dois arriver à être maître de mon temps pour arriver à m'occuper tout d'abord de choses importantes.

Quelles sont les priorités de votre vie? Quelle place vos enfants y ont-ils? Ont-ils la première priorité, la deuxième, la troisième? Il faut que vous le déterminiez, car à moins que vous ne le fassiez, vos enfants n'auront qu'une faible place dans votre vie et ils souffriront de votre négligence à des degrés divers. Il n'y a que vous-même qui puissiez déterminer ce qui est important dans votre vie.

La vie est tellement pleine d'imprévus que vous ne pouvez compter sur des occasions illimitées pour entourer de tendresse vos enfants. C'est pourquoi il vous incombe de créer des occasions pour le faire ou de prendre avantage de celles qui se présentent à vous à travers les besoins de votre adolescent. Ces occasions seront moins nombreuses que vous ne l'auriez cru car vos enfants ne sont adolescents que pour un temps très court.

## La nécessité d'une attention concentrée

L'attention concentrée n'est pas une faveur que vous offrez à votre adolescent si le temps vous le permet. Non, c'est pour lui un besoin critique. Fondamentalement, sa façon de se percevoir et la façon dont il va être accepté par son entourage, seront déterminés par la manière dont ce besoin est comblé. Si un adolescent ne reçoit pas d'attention concentrée, il va se mettre à ressentir une anxiété qui ira croissant car il aura la pénible impression que tout autre chose est plus importante que lui. N'étant pas sûr de lui, il sera entravé dans sa croissance émotive et psychologique.

Il est facile d'identifier un tel adolescent. En général, il est moins mûr ou moins sûr de lui que les adolescents dont les parents ont pris le temps de remplir leur besoin d'attention concentrée. Ce malheureux adolescent est souvent replié sur lui-même et il a de la difficulté à s'entendre avec ses camarades. Il perd facilement la face et il réagit mal dans les conflits. Il est excessivement dépendant des autres, et particulièrement de ses copains aux pressions desquels il est plus en danger de céder.

Certains jeunes adolescents, au contraire, et en particulier les filles privées d'attention concentrée de la part de leurs pères, semblent réagir d'une manière opposée. Elles sont plutôt bavardes, elles savent manipuler leur monde, être dramatiques et souvent séductrices. On les considère comme des enfants précoces, enjouées et mûres. Mais en grandissant, ce comportement ne change pas et il devient graduellement de moins en moins convenable. Bientôt, alors qu'elles sont des adolescentes plus âgées, elles deviennent antipathiques à leurs camarades et aux adultes. Cependant, même à une heure aussi tardive, une attention concentrée venant tout spécialement de leurs pères, peut agir puissamment pour corriger leur comportement frustré, diminuer leur anxiété et les libérer afin qu'elles puissent reprendre leur croissance vers la maturité.

## Comment fournir une attention concentrée

J'ai trouvé que le meilleur moyen pour donner une attention concentrée à un adolescent est de systématiquement mettre de côté du temps afin de se trouver seul avec lui. Déjà, vous devez penser combien il doit être difficile de faire cela et vous avez raison. À mon avis, trouver du temps pour être seul avec un adolescent en dehors de toute autre distraction, est l'élément le plus ardu d'une bonne éducation. Mais il faut l'admettre, bien éduquer un enfant demande du temps et trouver du temps dans notre société hyperactive est laborieux surtout lorsque les parents doivent entrer en compétition avec tous les autres centres d'intérêt qui accaparent leurs adolescents. Aujourd'hui, comme jamais auparavant dans toute l'histoire du monde, les adolescents sont plus influencés par l'extérieur que par leur propre famille. Cela prouve encore une fois, l'importance cruciale de l'attention concentrée.

Il faut faire des efforts fantastiques pour arracher du temps à des horaires chargés, mais le faire c'est se réserver des récompenses extraordinaires, car c'est une chose merveilleuse que de voir son adolescent heureux, en sécurité, bien aimé par ses camarades et les adultes, étudiant et se conduisant de son mieux. Cependant, soyons francs, une telle satisfaction ne vient pas automatiquement et pour l'obtenir les parents doivent payer un prix: trouver le moyen de passer du temps seul avec chacun de leurs enfants.

Il est difficile d'organiser son temps. J'essaie de conserver autant de temps que possible pour mes enfants. Par exemple, lorsque ma fille prenait des leçons de musique près de mon bureau les lundis après-midi, j'organisais mes rendez-vous pour pouvoir aller la chercher. Nous allions alors au restaurant manger ensemble. C'est là que, ne ressentant pas la pression des interruptions et des horaires fixes, je pouvais lui donner toute mon attention et écouter tout ce qu'elle voulait bien me dire.

Ce n'est que dans de semblables contextes, alors qu'ils sont seuls et en dehors de toute pression, que les parents peuvent construire cette relation spéciale et indélébile dont chaque enfant a si désespérément besoin pour pouvoir faire face aux réalités de la vie.

Un enfant chérit de tels moments et il s'en rappelle alors que, pendant les années tumultueuses de l'adolescence, la vie devient, pour lui, particulièrement difficile.

Lorsqu'un parent donne à son enfant ou à son adolescent une attention concentrée, il peut aussi en profiter pour lui donner des contacts visuels et physiques car c'est au cours de ces périodes d'attention concentrée que ceux-ci auront le plus de signification et d'influence sur la vie d'un enfant.

De plus, il est important que vous saisissiez chaque occasion que vous pouvez avoir de passer quelques moments additionnels, seul avec votre adolescent. Par exemple, vous pouvez vous trouver seul avec lui pour quelques instants seulement alors que tout le monde est parti ou est dehors. Vous pouvez profiter de cette circonstance pour remplir son réservoir affectif et ainsi éviter les problèmes d'une panne sèche. Ce moment d'attention concentrée peut être très court mais un instant ou deux peuvent faire des merveilles.

Chaque instant compte car l'enjeu est élevé. Qu'y-a-t-il de pire qu'un fils ou qu'une fille adolescent rebelle? Qu'y-a-til de plus réjouissant qu'un adolescent bien équilibré?

Certes, il faut le répéter, l'attention concentrée prend du temps. Elle est difficile à donner d'une manière suivie et elle est souvent fatigante pour des parents déjà épuisés. Mais, elle est l'agent le plus puissant pour garder plein le réservoir affectif d'un adolescent. Donner de l'attention concentrée, c'est investir pour l'avenir.

Alors que les enfants grandissent, ces moments d'attention concentrée doivent être prolongés. Les enfants plus âgés ont besoin de temps pour se dégeler, pour laiser tomber leurs jeunes défenses et pour se sentir libres de partager leurs pensées intimes tout particulièrement celles qui peuvent les troubler.

Les enfants qui entrent dans l'adolescence ont besoin de passer *plus* de temps avec leur famille, pas moins. Il est tellement facile de croire que, comme les adolescents deviennent si rapidement indépendants et comme ils *semblent* vouloir passer de plus en plus de temps loin de leur famille, il faille passer de moins en moins de temps avec eux. C'est ici, une des erreurs les plus dévastatrices que font les parents d'aujourd'hui. Très souvent, tandis que leurs enfants entrent et avancent dans l'adolescence, ils se mettent à utiliser leur temps libre pour des activités qui satisfont leurs *propres* besoins de détente. Chaque adolescent que je connais interprète cela comme un rejet et il a le sentiment très net que ses parents s'occupent de moins en moins de lui.

Non, plus que jamais, les adolescents ont besoin du temps et de l'attention de leurs parents. Chaque jour, ils font face à de très fortes influences et malheureusement, beaucoup de ces influences sont maladives, malsaines et parfois carrément mauvaises. Si vous voulez que votre adolescent se débatte dans le monde d'aujourd'hui, vous devez passer du temps constructif avec lui et cela d'autant plus s'il passe à travers les remous de son âge. Si vous prenez le temps de remplir ses besoins, votre adolescent acquerra de la confiance et une intégrité personnelle qui lui permettront de penser pour lui-même et de choisir le genre de valeurs par lesquelles il mènera sa vie. Il développera la force de résister aux influences destructrices de ces personnes qui n'ont que peu ou pas de respect pour lui et veulent tout simplement l'exploiter.

Vous pouvez être de bonne volonté, mais trouver difficile de vous occuper de votre adolescent lorsqu'il passe par des périodes de mauvaise humeur et qu'il n'a aucune envie de communiquer. Cela est typique de l'adolescence. Il faut alors se rappeler un secret: les défenses psychologiques de l'adolescent sont très fortes et il faut du *temps* pour qu'elles s'abaissent lentement jusqu'au point où il devient capable de communiquer avec vérité et de partager avec vous ce qu'il a vraiment à l'esprit. Avez-vous retenu ce mot magique? Il faut du TEMPS.

Je me rappelle lorsque ma précieuse fille Carey avait 14 ans. Quelle année! Elle passait à travers les transitions typiques de la jeune adolescence et elle ne communiquait fréquemment qu'avec des « ouais-ouais », des « hin-hin » ou encore des « heu ».

C'est à cette époque que j'ai fait deux découvertes merveilleuses. Premièrement, il est inutile *et* dommageable d'essayer d'obliger un enfant à s'ouvrir et à parler dans ces moments. Certes, j'étais vraiment tenté de la bombarder de questions, mais j'ai découvert assez rapidement que c'était une erreur et que cela ne faisait qu'empirer la situation. Deuxièmement, j'ai découvert que si je pouvais passer avec Carey 20 à 30 minutes, d'une manière agréable et sans qu'elle sente aucune pression, ses défenses tombaient progressivement et nous étions bientôt capables d'échanger ouvertement quelques pensées et quelques sentiments.

Pour créer cette situation, j'ai trouvé qu'un des moyens les plus efficaces était de l'amener au restaurant. Je choisissais alors le restaurant au service le plus lent de la ville et j'essayais d'arriver à l'heure de pointe pour que nous ayons à faire la queue. Une fois assis, je demandais à quelques reprises à la serveuse de revenir plus tard. Je lui disais: « Nous ne sommes pas tout à fait prêts à commander. » Je mangeais très lentement puis je commandais un dessert, ce que je ne fais pas d'habitude, ainsi qu'une tasse de café que je sirotais tout doucement.

Vous voyez le but de tout cela, c'était de pouvoir passer du temps ensemble et de permettre à Carey d'être à l'aise en ma présence, tout en ne sentant pas peser sur elle l'obligation de communiquer. Faire la queue dans un endroit public remplit ces conditions. On pourrait penser à d'autres activités: aller à la pêche, à la chasse, en excursion, faire un voyage court ou long, jouer à un jeu, voir une pièce de théâtre, écouter une symphonie. Lorsqu'un adolescent est avec un de ses parents sans sentir aucune pression — il est juste là —, ses défenses vont *graduellement* s'abaisser et il va commencer à parler, d'abord superficiellement puis à des niveaux plus significatifs.

Alors que notre repas tirait à sa fin, Carey parlait assez librement et elle partageait ses idées — quoique la conversation soit encore à un niveau plutôt superficiel — sur les sports, ses professeurs et ses études. Puis je payais la facture et nous montions en voiture.

Laissez-moi vous glisser ici un renseignement intéressant. Lorsque vous conduisez une voiture avec votre adolescent pour passager et tout particulièrement s'il y a d'autres adolescents avec vous, vous perdez d'une certaine manière votre identité et ceux-ci vous considèrent comme une partie de la voiture, un peu comme une prolongation du volant. Ma femme et moi, nous avons vraiment apprécié cette capacité qu'a l'adolescent de nous assimiler à une chose car il est extraordinaire combien cela facilite une conversation avec un adolescent lorsqu'on est au volant. Il est également étonnant de voir tout ce que nous avons appris pendant ces moments-là.

De toute façon, retournons à Carey et moi. Nous entrions dans la voiture et, en général, ce n'est que pendant le dernier kilomètre ou peu avant d'arriver à la maison qu'elle se mettait finalement à parler de choses qu'elle avait vraiment à cœur: ses relations avec ses camarades, ses relations familiales ou encore les pressions qu'exerçaient sur elle ses copains afin qu'elle prenne de la drogue. Naturellement, nous ne pouvions pas terminer notre conversation avant d'arriver à la maison, et ça c'est typique avec les adolescents. La raison de cette attitude c'est que les adolescents ont besoin de sentir qu'ils ont une échappatoire lorsqu'ils révèlent des informations significatives. Ils doivent sentir qu'ils sont dans une position qui va leur permettre de s'échapper si leurs parents ne répondent pas adéquatement à leurs sentiments les plus profonds. Ce dont ils ont le plus peur ce n'est pas que leurs parents ne soient pas d'accord avec eux mais qu'ils se mettent en colère, qu'ils les tournent en ridicule, qu'ils les désapprouvent ou qu'ils les rejettent, eux personnellement. Ils doivent se sentir suffisamment aux commandes de la situation pour que s'ils sont trop mal à l'aise, ils soient capables de se retirer.

C'est la raison pour laquelle Carey attendait jusqu'à ce qu'on soit presque arrivé à la maison avant de partager avec moi ce qui était vraiment important pour elle. Les meilleures conversations que j'ai eu avec Carey se firent à ces moments-là. Parfois, elle déguisait ses propres problèmes en en parlant comme étant ceux d'un autre adolescent. C'est une façon favorite qu'utilisent de nombreux adolescents pour parler de situations bizarres, embarrassantes ou difficiles à régler.

Parfois, un adolescent a besoin de parler à un parent au sujet d'un problème mais il a de la difficulté à amorcer la conversation. Dans de telles circonstances, il va souvent lancer des allusions indirectes. Ces allusions ou ces indices peuvent revêtir diverses formes. Un adolescent qui a besoin de parler mais qui n'est pas d'humeur à communiquer, peut parfois dire quelque chose de beaucoup moins effrayant que ce dont il veut réellement parler. Par exemple, il peut commencer par poser une question au sujet de ses devoirs ou demander comment ses parents ont passé la journée ou encore faire une remarque sur la journée qu'il a eu lui-même.

Les parents doivent être attentifs à ces gestes spontanés et parfois déroutants. Ce sont les moyens timides que prend un adolescent pour demander du temps et de l'attention concentrée. Il cherche ainsi «à prendre notre pouls,» à nous tester pour voir de quelle humeur et dans quel état d'esprit nous sommes pour savoir s'il est prudent d'aborder avec nous un sujet qui le met mal à l'aise.

En d'autres temps, un adolescent peut tester notre réceptivité et voir si nous sommes de bonne humeur en nous lançant un «hameçon garni» avec des morceaux d'informations destinées à nous bouleverser ou à nous irriter. C'est un stratagème parfait qui lui permet de voir s'il peut nous faire confiance au sujet de ce qui est *réellement* dans son esprit. Si nous réagissons avec excès, tout particulièrement en nous mettant en colère ou en le critiquant, l'adolescent en conclut que nous réagirons de la même manière à son importante question. Une fois de plus, plus nous démontrerons de calme et de maîtrise de soi, plus notre adolescent sera ouvert et communicatif avec nous.

Ces occasions sont uniques. Si nous ne les remarquons pas et si, d'une certaine manière, nous fermons la porte à l'adolescent, il se sentira rejeté. Par contre, si nous sommes attentifs et si nous savons discerner ces indices importants, nous pourrons réagir adéquatement et aider notre adolescent, tout en lui démontrant d'une manière probante que nous l'aimons et que nous sommes sensibles à ses besoins.

Je me rappelle de nombreuses occasions semblables alors que Carey était une jeune adolescente. La plupart du temps, elle choisissait un moment où elle savait que sa mère et moi étions seuls et sans la moindre chance d'être dérangés. Vous pouvez deviner quand? C'était juste au moment où Pat et moi-même étions prêts à éteindre la lumière pour une bonne nuit de repos. Ses jeunes frères dormaient et elle n'avait aucune compétition. On voyait alors notre porte s'ouvrir tout doucement et Carey entrait pour demander à sa mère si elle pouvait prendre quelque chose dans la salle de bain attenante. Alors que Carey avait l'objet demandé et qu'elle était en train de partir, elle se retournait et nous disait: «oh! sois dit en passant.»

Je ne peux pas assez insister sur l'importance de

reconnaître et de noter ces mots bien familiers —
«oh! sois dit en passant» — ou d'autres expressions
semblables. Savez-vous ce qu'ils signifient réellement
lorsqu'ils sont dits par un adolescent dans une telle
situation? Voici comment nous pouvons les traduire:
«La raison véritable par laquelle je suis ici et ce dont
je veux vraiment parler vont venir. Mais je veux d'a-
bord savoir ceci: êtes-vous dans un bon état d'esprit
pour vous en occuper? Est-ce que je peux vous con-
fier cette partie très délicate et personnelle de ma
vie? Allez-vous l'accepter et m'aider ou allez-vous en
profiter pour l'utiliser contre moi? Puis-je vous faire
confiance?»

Si nous ne lui donnons pas à cet instant de l'attention concentrée, un adolescent interprètera cela
comme une réponse négative. Mais si nous dirigeons
immédiatement notre attention vers lui et si nous l'é-
coutons intensément et tranquillement en le laissant
diriger la conversation, notre adolescent aura le sentiment qu'il n'y a pas de danger à nous révéler un
problème pressant. Entre parenthèses, soyez prêt à
bien interpréter ces quelques mots, juste après que
votre adolescent vous ait lancé «un hameçon garni».

Je me rappelle que parfois, je gâchais tout en
demandant par exemple à Carey si elle avait bien
fermé toutes les lumières. Je recevais alors un rapide
coup de pied de la part de ma femme sous les cou-
vertures car elle avait compris ce que l'enfant voulait
nous dire et elle avait reconnu qu'elle avait besoin
de ce précieux produit, l'attention concentrée. Une
fois la conversation amorcée, Carey en prenait la direction et elle se mettait à parler tout d'abord de choses superficielles, puis peu à peu de choses qui
avaient pour elle plus d'importance. Au bout de quelques moments, elle s'asseyait au pied de notre lit.
Bientôt, elle se couchait en travers du lit à nos pieds,
tout en continuant à parler. Puis, avant qu'on s'en soit
rendu compte, elle était couchée entre nous. Finalement, elle arrivait à la chose qui la tourmentait. Je
me rappelle une de ces fois-là où elle nous dit: «Je

ne sais pas si Jim m'aime encore. Il est si différent depuis quelque temps.» Combien cela fut dur pour Carey de nous sortir cela: Elle avait dû bien s'assurer que la situation était sans danger avant de nous le dire. Elle avait dû lancer plusieurs «hameçons garnis» avant de pouvoir finalement nous révéler son problème.

Maintenant, une fois que l'enfant a dit ce qui était véritablement sur son cœur, il ne faut pas que les parents cèdent à la tentation de balayer tout cela avec une réponse légère donnée d'un air désinvolte, comme si ce qui inquiétait l'enfant était insignifiant ou encore facile à régler. Nous devons prendre nos adolescents au sérieux, examiner avec eux leurs problèmes soigneusement et les aider à formuler des solutions logiques et sensées. De cette manière, non seulement nous les aiderons avec leurs problèmes mais encore, et c'est le plus important, nous cimenterons avec eux notre relation d'amour.

Alors que nous aidons nos adolescents à régler leurs propres problèmes, nous pouvons aussi leur enseigner à penser rationnellement, avec logique et ordre. Ce n'est qu'en apprenant à penser avec clarté qu'un adolescent peut développer la capacité de discerner le bien du mal et arriver à construire un solide système de valeurs.

## Le sentiment de culpabilité et l'envie

Pour comprendre l'arrière-plan de la majorité des problèmes juvéniles, il est important de connaître la forme de leur société et de savoir qu'elle ressemble à celle des poules où tour à tour, chaque poule picote une poule plus faible et est picotée par une poule plus forte. La société des adolescents est complexe mais elle est fondamentalement basée sur la popularité et l'acceptation. Il est important que vous sachiez approximativement où se situe votre enfant dans ce réseau de relations. En effet quelques-uns des problèmes les plus pénibles de l'adolescence ont rapport aux copains et ils entraînent un ou plusieurs des quatre sentiments suivants: l'envie, la culpabilité, la colère et la dépression. La colère et la dépression seront traitées en détail plus loin. Considérons ici l'envie et la culpabilité.

Dans leurs relations avec leurs camarades, les adolescents ont fréquemment des problèmes qui leur donnent des sentiments de culpabilité ou d'envie. Malheureusement, la plupart des adolescents ne savent pas identifier correctement ces sentiments à l'intérieur d'eux-mêmes et ils les ressentent comme une douleur, une détresse et/ou de la confusion.

Si un adolescent a un problème avec un copain qui se trouve plus bas que lui dans l'échelle sociale des adolescents, celui-ci éprouvera probablement de la culpabilité. Si sa rencontre a lieu avec quelqu'un qui est plus haut que lui, il éprouvera de l'envie. Dans un conflit de position ou d'intérêt, l'adolescent qui se trouve au bas de l'échelle, mû par l'envie, cherchera à susciter chez l'adolescent au haut de l'échelle des sentiments de culpabilité.

Il faut que les parents arrivent à discerner quelle est la position de leur adolescent dans un conflit et qu'ils sachent identifier les sentiments avec lesquels celui-ci lutte. Puis il est bon que les parents puissent lui expliquer la situation en cours. Cela l'aidera à plusieurs niveaux:

• Cela lui permettra de comprendre exactement ce qui est en train d'arriver et pourquoi.

• Cela lui permettra de déterminer si oui ou non, il a fait quelque chose de mal.

• Cela l'aidera à régler son problème présent puis, plus tard, ceux qui lui seront semblables.

Par exemple, si votre adolescent se sent coupable, après avoir bien cerné le problème, vous pourrez peut-être voir qu'il n'a pas à être blâmé car le véritable trouble est le sentiment d'envie de l'autre.

Si c'est votre adolescent qui est envieux, il lui sera très utile d'être capable d'identifier ce sentiment à l'intérieur de lui-même et de comprendre pourquoi il se sent ainsi. Vous serez ensuite en position pour l'aider à corriger son problème. Vous pourriez lui faire comprendre dans le cas où il ferait face à une personne réellement jalouse, qu'une telle jalousie est sans fondement;ou encore, dans le cas où il serait lui-même jaloux, vous pourriez lui apprendre à surmonter son envie.

Lorsque Carey gagna le trophée d'un certain concours, presque tous ses camarades furent sincèrement heureux pour elle et vraiment fiers d'elle. Mais un soir, peu de temps après, Carey arriva à la maison l'air troublée. Comme on pouvait s'y attendre, Carey se sentait coupable d'avoir gagné le concours et ce, à la suite d'une mauvaise remarque d'une camarade envieuse. Elle lui avait dit quelque chose comme ceci : « Regardez la grande vedette, elle se prend vraiment pour quelqu'un ! »

Carey s'était sentie misérable, ce qui est typique pour un adolescent qui se trouve dans une telle circonstance, et maintenant elle était incapable de résoudre sa misère. Sa mère l'avait alors aidée à comprendre ses sentiments de culpabilité, à saisir qu'elle n'avait rien fait de mal et que ce qu'elle ressentait n'était qu'une culpabilité faussée pour laquelle il n'y avait aucun fondement.

L'expérience de Carey illustre le problème courant de la culpabilité et de l'envie dans le monde des adolescents. Pour leur développement émotif, il est vital que nous aidions les adolescents à identifier et à comprendre ces sentiments en eux. Il faut aussi qu'ils apprennent à s'occuper de ces émotions correctement. S'ils ne sont pas capables de le faire, tout vraisemblablement, ils seront manipulés par le sentiment de culpabilité.

# La manipulation par la culpabilité

Voilà un grave problème parmi les adolescents d'aujourd'hui et plus un adolescent est sensible, plus il est enclin à subir ce genre de manipulation. D'autre part, moins un adolescent sera sensible, plus il sera habile à utiliser ce genre de manipulation avec les autres.

La manœuvre est plutôt simple. Celui qui veut manipuler trouve des arguments ou des façons pour que celui qu'il veut manipuler se sente coupable s'il ne cède pas à ses désirs. Naturellement, l'exemple classique et le plus destructeur de ce genre de situation est celui du garçon qui cherche à séduire une fille pour avoir une relation sexuelle avec elle et qui utilise des remarques de ce genre: «Si tu m'aimais vraiment, tu le ferais.»

Le parent d'un adolescent sensible est dans une excellente position pour le mettre en garde contre ce stratagème dégoûtant. L'adolescent doit apprendre:

● à démasquer la manipulation par la culpabilité

● à reconnaître que cette ruse est malsaine, mauvaise et malhonnête, en bref, *que c'est mal.*

● que la réaction normale et saine à toute manipulation est *la colère.*

Dans l'histoire qui nous parle de la confrontation entre Jésus et les changeurs du temple, une des raisons, d'après moi qui provoqua la colère de Jésus est la manipulation. En effet, les gens qui venaient au temple avaient besoin de faire des sacrifices pour remplir leurs obligations religieuses. Ils se sentaient coupables s'ils n'offraient pas un animal en sacrifice. À cette occasion, Jésus dit qu'il se trouvait dans une caverne de voleurs car il se faisait là de la manipulation par la culpabilité. La colère de Jésus fut donc une réaction appropriée [4,5,6,7].

Je me rappelle une très jolie fille de 16 ans, Claudia, venue me voir pour une consultation. C'était une fille excessivement sensible et elle était dans une profonde dépression. Au cours de notre conversation, je découvris que son ami utilisait la culpabilité pour la manipuler de diverses manières. Je lui expliquai d'abord combien il était facile de lui faire de la peine et de l'amener à se sentir coupable. Puis je lui expliquai comment les autres, et plus particulièrement comment son ami, arrivaient à la diriger en l'amenant à se sentir coupable si elle ne se pliait pas à leurs désirs.

Comme Claudia ne comprenait pas tout d'abord ce que j'essayais de lui dire, je lui donnais un exemple personnel. Je lui dis: «Claudia, moi aussi je suis une personne sensible et jusqu'à il y a quelques années, je ne savais pas que des gens pouvaient me manipuler par la culpabilité. Voilà ce qui m'est arrivé. Je venais de terminer mes études médicales et je voulais vendre ma maison. Comme j'avais de la difficulté à le faire moi-même, je demandais les services d'un agent immobilier. Quelques jours plus tard, un camarade de cours, qui devait rester dans cette ville pour faire son internat, m'offrait un certain prix pour ma maison, mais il voulait éviter d'avoir affaire avec l'agent immobilier afin d'économiser ses honoraires. Je lui répondis que je ne pouvais faire cela et qu'il fallait qu'il passe par lui. Dans la même journée, un peu plus tard, l'agent arriva avec l'offre d'un autre client et je l'acceptai. Lorsque mon camarade apprit que j'avais vendu ma maison, il fut très en colère et il essaya par tous les moyens de me faire changer d'idée et de m'amener à la lui vendre. Les arguments qu'il utilisa consistèrent à me rappeler que nous étions compagnons de cours, que là où j'allais faire mon internat, je ferais plus d'argent que lui, que ça faisait cinq ans que nous occupions cette maison et qu'elle ne valait pas le prix que mon acheteur m'offrait.»

Puis je lui dis: «Tu comprends, Claudia, comment cet homme a essayé de me manipuler en me donnant des sentiments de culpabilité, et cela pour que je lui vende ma maison?»

Les yeux de Claudia s'illuminèrent. Elle venait de comprendre pourquoi elle était si peu maîtresse de sa vie. Lorsque je vis à nouveau Claudia, sa dépression s'était envolée et elle avait de l'éclat dans les yeux. Elle était en train d'apprendre à penser pour elle-même et à décider de sa conduite au lieu d'être constamment manipulée par la culpabilité.

Les parents doivent, à leur tour, être prudents afin de ne pas manipuler de la même façon leurs adolescents. Il est tellement facile pour des parents de tomber dans ce piège, tout particulièrement s'ils ont un enfant sensible. Un adolescent qui a été ainsi manipulé par ses propres parents, sera facilement manipulé par les autres.

Quel est le meilleur moyen pour empêcher que les adolescents ne soient manipulés par la culpabilité? Il faut que, dans le cadre d'un amour inconditionnel et d'une attention concentrée, les parents entraînent leurs adolescents à identifier chez les autres la tendance à les manipuler et qu'ils leur apprennent à ne pas s'y laisser prendre.

1. Psaumes 127, (3-5)
2. Matthieu 18, (1-10)
3. Marc 10, (13-16)
4. Matthieu 21
5. Marc 11
6. Luc 19
7. Jean 2

# 5

# Aimer
# par le regard et
# le toucher

Nous vivons à une époque de l'histoire où il est extrêmement important que nos adolescents sentent et sachent que nous les aimons réellement, car ils sont assaillis par un nombre sans précédent d'influences extérieures dont plusieurs sont malsaines et dont certaines sont franchement mauvaises et destructrices. Or, un adolescent *qui se sent aimé* et entouré est déjà vulnérable à ces influences mais un adolescent *qui ne sent pas* cet amour précieux aura de la difficulté à maintenir une pensée indépendante et à défendre des valeurs morales. Ce sont des adolescents affamés d'amour que de nombreux exploiteurs de la jeunesse séduisent et ils réussissent à les attirer et à les subjuguer en leur donnant du temps, de l'attention et de l'affection.

L'heure est avancée. En tant que parent, il ne vous reste que peu de temps et d'occasion pour faire sentir à votre adolescent que vous l'aimez inconditionnellement. C'est aujourd'hui, que vous devez vous mettre à l'œuvre et chaque jour, d'une manière conséquente, veiller à remplir son réservoir émotif.

Cela lui permettra de grandir et de devenir un adulte capable de penser personnellement avec efficacité et clarté et de développer une bonne maîtrise de soi. Ce n'est que lorsqu'il sentira réellement que vous l'aimez et que vous prenez soin de lui inconditionnellement que vous pourrez avoir sur lui l'influence que vous devriez avoir.

Voilà, vous voulez lui dire que vous l'aimez mais ce message vous ne pouvez pas le faire passer avec des mots seulement. Il faut aussi le dire avec des gestes. Il faut insister sur ce point, car la majorité des parents, même lorsqu'ils aiment profondément leurs enfants, ne savent pas les aimer avec *des gestes* et automatiquement la majorité des jeunes gens d'aujourd'hui ne se sentent pas véritablement et inconditionnellement aimés. Or ce sentiment, ce manque, ce vide est à la base même de la plus grande partie des problèmes de la jeunesse actuelle et, il faut le comprendre, un adolescent aura toujours tendance à suivre la personne qui lui donne l'impression de l'aimer le plus.

Dans tous vos contacts quotidiens avec vos enfants vous devriez incorporer le contact physique et le contact visuel. Ces contacts devraient être naturels, agréables et sans excès. Un enfant ou un adolescent qui grandit dans un foyer où les parents utilisent les contacts physiques et visuels sera à l'aise avec lui-même et avec les autres. Il aura ainsi plus de facilité à communiquer avec eux, ceci les amènera à bien l'aimer et cela lui donnera une haute estime de lui-même.

Un contact visuel fréquent et approprié et le contact physique sont les deux plus précieux dons que vous puissiez faire à votre adolescent. Ils sont, avec une attention concentrée, les moyens les plus efficaces pour remplir le réservoir émotif de votre adolescent et pour lui permettre d'atteindre tout son potentiel.

# Le contact visuel

Le manque de contact visuel empêche des parents aimants de communiquer à leur adolescent un amour inconditionnel. Un contact visuel affectueux et constant avec votre adolescent est essentiel non seulement pour établir avec lui une bonne communication, mais encore pour remplir ses besoins affectifs. Sans que vous en soyez conscient vous utilisez le contact visuel pour exprimer de nombreux sentiments : la tristesse, la colère, la haine, la pitié, la rage et l'amour. Dans certains foyers il est étonnant de constater le peu de contact visuel qui existe entre les parents et les adolescents et il est encore plus étonnant de se rendre compte que ce mince contact est généralement négatif : Il est utilisé pour réprimander ou pour donner des instructions précises. Or, plus vous serez capable de faire un contact visuel avec votre adolescent pour lui exprimer de l'amour, plus il sera nourri d'amour.

Votre adolescent n'aura pas toujours la même facilité à faire un contact visuel. Par moments, il pourra rechercher avec avidité votre regard puis, se mettre à l'éviter. C'est au sein de ces fluctuations qu'il va apprendre à faire plusieurs genres de contacts visuels en se basant principalement sur ce qu'il a pu observer chez les autres membres de la famille.

Il y a quelque temps, j'ai rencontré à mon bureau, Bruce, un garçon de 17 ans. Grand, bien bâti et de belle apparence, c'était un excellent élève, un bon athlète et il avait une personnalité agréable. Et pourtant, aussi surprenant que cela paraisse, avec tant de cordes à son arc, il avait une piètre estime de lui et il se considérait plutôt inadéquat. Il était facile de déceler sa triste opinion de lui-même tout simplement en observant sa façon de regarder. Son regard était presque constamment baissé et lorsqu'il faisait un contact visuel, il ne durait qu'une fraction

55

de seconde. J'expliquai à Bruce que sa manière d'utiliser le contact visuel affectait fortement sa manière d'aborder les autres. Sa mauvaise manière d'utiliser son regard aggravait la mauvaise image qu'il avait de lui-même. À leur tour, les gens se sentaient mal à l'aise avec Bruce car ils pensaient qu'il ne les aimait pas ou qu'il cherchait à les ignorer. Ils étaient soulagés lorsque la conversation se terminait et qu'ils pouvaient s'éloigner de lui. Naturellement Bruce interprétait cela, mais à tort, comme un rejet et il se sentait plus malheureux que jamais. Il n'est pas étonnant qu'au cours des années la répétition constante d'un tel scénario ait amené Bruce à avoir une horrible conception de lui-même. Heureusement, il me fut facile d'aider Bruce à corriger sa manière de regarder les gens.

Si votre enfant a acquis des manières anormales de contact visuel, il serait bon de le lui faire comprendre puis de l'amener à se corriger. Dans presque toutes les situations de la vie, la différence entre le succès et l'échec tient souvent à un bon contact visuel.

Lorsque votre adolescent est renfermé, dans ces moments désagréables, il peut être difficile de lui donner un contact visuel affectueux, et lorsqu'il ne répond à vos questions que par des «ouais, ouais» ou par des grognements semblables, il est évidemment très difficile aussi de parler avec lui.

Ces moments désagréables où la communication ne parvient pas à se faire, proviennent généralement d'une des trois causes suivantes:

● Une régression dans l'âge psychosexuel; (nous allons en parler au chapitre 6) l'adolescent est en train de résoudre des problèmes qui sont arrivés dans le passé.

● Un désir très puissant d'indépendance qui amène l'adolescent à ressentir le besoin de se séparer de ses parents.

● Une expérience déplaisante que l'adolescent vient de vivre avec ses camarades et au cours de laquelle il a été blessé.

Ces périodes d'obstination à ne pas parler, de repli et de tranquillité sont en général accompagnées d'une résistance marquée à l'amour et à l'affection venant des parents.

Au cours de ces périodes, s'imposer à l'adolescent ou le presser de questions est une erreur. Il arrive souvent qu'un parent s'irrite, s'inquiète ou même se désespère et qu'il essaie alors d'engager à tout prix une conversation en lançant avec persistance de telles questions: «Que t'est-il arrivé?», «As-tu passé un moment agréable?», «Qui était là?» Vous le savez très bien, cela ne peut qu'irriter quelqu'un qui n'a pas envie de parler.

Le secret est *d'être disponible*, c'est-à-dire, qu'au lieu de vous imposer à votre adolescent et de le forcer à communiquer, vous allez vous rendre disponible en tout temps, afin que, quand il le désirera et qu'il se sentira à l'aise pour le faire, il puisse parler avec vous.

Au moment où votre enfant entre dans l'adolescence, il se met à subir des pressions de plus en plus fortes qui viennent de ses désirs d'être indépendant, de s'exprimer sexuellement, et d'être accepté par ses camarades. Pour ne pas être submergé par elles, il doit constituer des mécanismes de défense contre elles. Malheureusement, à l'occasion, il ne trouve pas d'autres moyens que d'utiliser des mécanismes plutôt primitifs et désagréables: il va se retrancher dans des états de retrait, de non-communication et d'obstination à ne pas parler.

Vous ne pouvez pénétrer ni forcer ces défenses primitives sans endommager votre relation avec votre enfant. La seule façon sensible, intelligente et constructive de faire face à ces situations désagréables est d'attendre que les défenses tombent. Entre temps, vous devez *rester disponible*, afin que votre adolescent puisse venir à vous lorsqu'il s'en sentira capable.

Il y a, cependant, des choses précises que vous pouvez faire afin de faciliter l'abaissement de ces défenses et nous en discuterons plus tard, mais il faut bien comprendre, à ce point, qu'il n'est pas prudent d'essayer de forcer ce système de défense extrêmement fort.

La capacité qu'a l'adolescent d'utiliser le contact visuel varie selon la force de son système de défense. Plus jeune, l'adolescent est presque continuellement réceptif au contact visuel, mais alors qu'il vieillit, ces périodes désagréables au cours desquelles il refuse tout contact visuel, surgissent.

Ne laissez pas cette tendance occasionnelle qu'a votre adolescent d'éviter le contact visuel vous irriter. Essayez tout simplement de l'accepter, tout en vous rappelant que si vous restez disponible, il saura venir à vous lorsque son réservoir affectif sera à sec. À ce moment, il sera réceptif au contact visuel et il sera communicatif. Il est important, pour qu'il ait une bonne image de lui-même ainsi que pour son développement psychologique, qu'il sache que, lorsqu'il aura besoin de vous, vous serez là.

## Le contact physique

Un enfant qui entre dans l'adolescence a constamment besoin que ses parents lui donnent l'assurance qu'il est aimé et accepté. Pour de nombreux parents aimants, cela pose un dilemme car ils ne savent comment remplir ce besoin et ils se sentent vraiment perplexe à ce sujet.

Certains parents cherchent à manifester leur amour en étant excessivement indulgents, ou encore en permettant à leurs adolescents de convoiter et d'avoir tout ce que leurs copains ont: une voiture, une stéréo, un équipement sportif, ... Ces choses matérielles ne sont pas nécessairement mauvaises en elles-mêmes, mais elles ne peuvent pas être un substitut pour ce dont l'adolescent a le plus besoin: l'amour inconditionnel. Certains parents usent d'une indulgence excessive en permettant et parfois même en encourageant leurs adolescents à se rendre à certains endroits et à faire certaines choses qui sont malsaines pour eux. Par exemple, j'ai connu des parents qui permettaient et encourageaient même leurs adolescents à aller dans des réceptions destinées à éveiller leurs désirs sexuels et dans lesquelles des boissons alcoolisées et d'autres drogues étaient servies. Peu d'adolescents peuvent résister à de telles situations mais alors que ce genre de pressions exercées sur la jeunesse augmente, peu de parents aident leurs adolescents à se prémunir contre elles et à s'en préserver. De toute façon, peu de parents ont suffisamment d'influence sur leurs jeunes pour combattre de telles pressions. Pourquoi? Tout simplement parce qu'ils n'ont pas réussi à faire sentir à leurs adolescents qu'ils étaient aimés, acceptés et entourés.

Un contact physique approprié et suivi est un moyen vital pour donner à votre adolescent ce sentiment et cette conviction que vous vous souciez réellement de lui. Cela est particulièrement vrai lorsqu'il n'a pas envie de communiquer et qu'il est maussade, morose ou qu'il résiste à votre approche. Dans ces moments, le contact visuel peut être difficile et même impossible mais le contact physique peut presque toujours être employé avec efficacité. Il est rare qu'un adolescent réponde négativement à un attouchement léger et bref sur l'épaule, le dos ou le bras. Par exemple, imaginez que votre adolescent est en train de regarder la télévision assis sur une chaise. Qu'y-a-t-il de plus simple que de lui toucher brièvement l'épaule alors que vous passez? En général, il ne le remarquera même pas, mais cela *s'enregistrera* dans son esprit. Vous pourrez de cette manière communiquer un amour constant et logique par des doses fréquentes mais brèves de contact physique. Vous pourrez aussi à l'occasion nourrir plus intensément votre adolescent avec des doses plus prolongées de contact physique.

Vous pouvez utiliser le contact physique pour manifester de l'amour à votre adolescent, même lorsqu'il est dans une humeur où il ne désire pas communiquer. En effet, aussi longtemps que son *centre d'attention* est dirigé ailleurs, vous pouvez lui donner un contact physique prolongé quelle que soit sa réceptivité. Par exemple, supposons que votre adolescent soit dans un état d'esprit particulièrement difficile et que cela vous inquiète. Vous pouvez alors trouver un sujet de conversation qui vous permet *de détourner son attention de lui-même* et de la reporter sur un objet intéressant comme des photographies. Vous pouvez alors prendre avantage d'une telle situation en mettant votre main sur son bras, son épaule ou son dos. Vous devriez connaître suffisamment bien votre adolescent pour savoir combien de contact physique il peut accepter à un moment précis.

Alors que parfois votre adolescent acceptera assez bien votre contact physique, en d'autres temps il semblera incapable de tolérer consciemment le moindre attouchement. Dans ces périodes de refus, il faudra quand même lui donner un attouchement, mais il faudra le faire alors qu'il ne pourra pas y porter attention. Il faut savoir que, même ainsi, le contact physique, bien qu'ignoré *consciemment*, sera enregistré et son message l'amènera à dire : « Ma mère et mon père m'aiment et se soucient de moi même pendant ces moments où il m'est dur de communiquer avec eux. »

Il y a encore d'autres moyens de donner un contact physique à un adolescent. Par exemple, il arrive assez fréquemment que mon fils de 13 ans, David, se foule ou se force un muscle au cours d'une activité sportive. Il n'hésite pas à me demander de le masser. Je suis très reconnaissant de pouvoir le faire car cela me donne une occasion merveilleuse d'utiliser le contact physique.

Une fois, ma fille Carey a mal atterri sur la trampoline et les muscles de son cou avaient besoin d'être massés. C'était une autre bonne occasion de lui donner un contact physique.

Heureusement, tous mes enfants aiment qu'on leur gratte le dos et c'est vraiment agréable de le faire. Cela a un effet étonnant sur leurs défenses psychologiques et ça les aide d'une façon extraordinaire à garder leur réservoir affectif plein. L'été dernier, lorsque David est revenu de sa colonie de vacances, la première chose qu'il a demandé fut qu'on lui gratte le dos, puis il a voulu que sa mère et moi parlions avec lui et lui fassions la lecture.

Bien qu'il y ait des parents qui ne veulent pas fournir à leurs adolescents cette nourriture affective, par le contact physique en particulier, je suis vraiment reconnaissant de constater que la majorité des parents aiment suffisamment leurs jeunes pour les toucher. Cela est si simple à faire et pourtant si merveilleusement efficace!

En certaines occasions, il est bon de serrer dans vos bras et d'embrasser vos adolescents. Sans toutefois le faire trop souvent, afin qu'ils ne soient pas mal à l'aise, il y a des moments où cela est approprié: au départ et au retour d'un voyage; lorsque l'adolescent a fait quelque chose dont *il* est particulièrement fier — il a gagné un trophée par exemple; lorsqu'il vient à vous et qu'il se sent profondément meurtri, plein de remords ou troublé d'une manière ou d'une autre et qu'il semble en avoir besoin. Bien sûr, il y a des moments où sans raison apparente, votre adolescent ressent tout simplement un besoin d'affection. Si vous savez être prompt à le lui donner, quel moment unique vous passerez avec votre enfant! *Mais* vous devez être constamment sur le qui-vive pour découvrir de telles occasions, car il est parfois difficile de savoir quand votre adolescent veut ou a besoin d'affection.

Très souvent, c'est avec beaucoup de subtilité que votre adolescent vous suggèrera qu'il veut votre attention ou votre affection. Il peut s'approcher de vous et parler de sujets très superficiels et insignifiants. En général, vous avez là un indice. À cet instant, il semble tellement sérieux, concentré et persévérant dans son état d'esprit que cela a l'air d'être vraiment déplacé, si l'on considère le sujet de la conversation. Il faut alors être patient. Votre adolescent est en train de gagner du temps en votre présence jusqu'à ce que ses défenses psychologiques soient tombées suffisamment pour qu'il puisse parler de choses importantes et sérieuses. Soyez très prudent afin de ne pas être pressé et de couper ainsi la communication. Votre adolescent, automatiquement, interprèterait cela comme un rejet et votre relation avec lui en souffrirait. Si vous êtes patient et si vous donnez à votre adolescent le temps dont il a besoin, sa conversation superficielle cèdera bientôt pour faire place à ce dont il veut vraiment parler. Vous devez être un auditeur actif et cela exige de la patience.

Au cours de mes conférences sur la famille, les parents me posent très fréquemment la question suivante: «Si j'ai donné très peu de contact visuel et physique à mon adolescent, comment puis-je me rattraper?»Voilà une excellente question. De tels parents ne devraient pas submerger leurs adolescents avec de grandes quantités soudaines de contact visuel et physique. Ils doivent tout d'abord avoir une idée générale sur laquelle ils se baseront pour savoir l'ampleur du contact physique et visuel que leurs adolescents peuvent supporter. À partir de là, ils augmenteront *graduellement* la dose de semaine en semaine et de mois en mois. Moins l'augmentation sera perceptible, mieux cela vaudra car l'adolescent sera plus à l'aise.

Quelqu'un a dit: «Heureusement, l'adolescence est une maladie limitée par le temps.» Nous, parents, avons besoin de ténacité pendant cette période de changements difficiles et intenses. Plus nous conserverons notre sang-froid et notre maîtrise de soi, plus cette période se passera en douceur et moins elle sera traumatisante. Nos enfants émergeront de ces années d'adolescence avec maturité et alors qu'ils approcheront de l'âge adulte, nos relations avec eux seront meilleures.

Lorsque nous restons disponibles pour leur manifester, chaque fois qu'ils peuvent l'accepter, l'amour dont ils ont besoin, nous donnons une démonstration tangible de la manière dont Dieu agit avec nous: Même lorsque nous Le rejetons, Il est constamment disposé à nous entourer et à nous aider car nous sommes membres de Sa famille. «Si nous sommes infidèles, Il demeure fidèle[1].»

---

1. 2 Timothée 2(13)

# 6

# Être parent
## et rester maître
## de soi

M. et Mme Oliver se regardèrent l'un l'autre puis ils secouèrent leur tête, perplexes. Cela ne faisait pas dix minutes que leur fille de 16 ans, Amy, leur avait expliqué avec force détails comment elle avait réussi à décrocher une place très recherchée en impressionnant son employeur par sa maturité et voilà que maintenant elle pleurait sans pouvoir s'arrêter parce que son frère avait utilisé son shampoing.

Les parents d'adolescents savent fort bien que l'adolescence est une période tumultueuse au cours de laquelle le jeune oscille entre le bambin et l'adulte, l'agréable et le désagréable, le logique et l'irrationnel et vice-versa, le tout, souvent, en moins d'une heure ou d'une journée. De plus, ces changements peuvent être intenses et fréquents et trop peu de parents savent exactement pourquoi ils arrivent.

À l'adolescence, les jeunes cherchent à résoudre tous les problèmes de leur vie antérieure et plus particulièrement ceux qu'ils ont eu avec leurs parents. De la part de l'adolescent, cela n'est pas un désir ou un besoin conscient, mais cela est déterminé à l'intérieur d'eux-mêmes, aussi sûrement que s'ils choisissaient leur comportement.

C'est là la raison pour laquelle un jeune adolescent entre 12 et 15 ans va manifester des changements d'humeur fréquents et inattendus. À un moment, il semblera très mûr puis à un autre, une minute plus tard peut-être, il sera comme un petit enfant. Il faut, avant qu'il ne puisse confortablement et normalement s'éloigner de ses parents et devenir indépendant tout en prenant ses responsabilités, qu'il balaie, pour ainsi dire, son passé de tous les problèmes et de tous les conflits qu'il a eu avec les autres et tout particulièrement avec ses parents.

Carey, ma fille avait alors 13 ans et je remarquai un jour que son attitude envers moi dénotait de l'irritabilité et même quelque peu d'hostilité. Je lui demandai : «Dis-moi, chérie, est-ce que je t'ai fait quelque chose qui t'a fait de la peine ou qui t'a bouleversée?» Sans hésitation, elle me raconta un incident qui était arrivé six ans auparavant. Nous roulions en camionnette. Ma femme et moi-même étions assis en avant, les autres enfants se trouvaient sur la banquette du milieu et Carey et son amie étaient assises à l'arrière. Tous les enfants se jetaient du maïs éclaté les uns aux autres. Comme cela m'empêchait de conduire, je me mis à crier pour leur dire d'arrêter. Carey me dit alors que je lui avais fait honte «en hurlant devant son amie». Certes, je me rappelais cet incident mais je n'avais jamais imaginé que cela l'avait si profondément blessée.

Afin de pouvoir résoudre ce problème particulier, Carey avait régressé psychologiquement à un niveau d'âge mental de sept ans. Après notre conversation —, et j'avais perçu de la colère dans sa voix —, je lui dis sincèrement que je n'avais pas eu conscience de lui avoir causé tant d'embarras et de chagrin. Je m'excusai auprès d'elle et lui demandai pardon. Elle fut alors soulagée et elle redevint elle-même, une adolescente de 13 ans.

Cette régression ou cette avance dans l'âge psychologique est une des raisons pour laquelle il est si difficile de comprendre un jeune adolescent et de prévoir ses attitudes. Les parents devraient réagir à ces fluctuations selon l'âge mental manifesté par leur enfant à un moment donné. Par exemple, imaginons que votre enfant vous aborde avec une déclaration aussi sophistiquée que celle-là: «Papa, que penses-tu de la crise au Moyen-Orient? Je me demande si les familles arabes de la Palestine devraient avoir le droit de retourner dans leurs maisons pour faire normalement partie de la nation israélienne.» Après avoir avalé votre salive quelques fois, vous êtes prêt à entamer une conversation à ce niveau élevé.

Cependant, voilà que ce même adolescent, une demi-heure plus tard, est de retour auprès de vous et pique une colère digne d'un enfant de deux ans. Que faire? Eh bien! tout simplement ce que vous feriez avec un enfant de deux ans en train de vous faire une scène. Évidemment, cela exige de votre part beaucoup de souplesse pour pouvoir ainsi changer rapidement votre niveau de communication. Vous pouvez certainement être en mesure de comprendre pourquoi un bon conseiller qui s'occupe de plusieurs jeunes adolescents à la fois, peut être complètement épuisé à la fin de sa journée.

Il est donc de toute première importance qu'en tant que parent, vous ayez sur vous-même une maîtrise émotionnelle absolue. Toute réaction émotive excessive fera du tort à votre relation avec votre adolescent de diverses manières:

• Une colère excessive et folle créera une barrière qui empêchera votre adolescent de venir à vous lorsque son réservoir affectif aura besoin de faire le plein.

• Une réaction émotive excessive aura tendance à vous faire moins respecter par votre adolescent — et ceci est une réaction normale envers quiconque ne sait pas se maîtriser.

• Le fait que vous perdiez votre sang-froid poussera votre adolescent à subir l'influence des autres et tout particulièrement celle de ses camarades.

## Conserver la maîtrise de soi

Comment peut-on se garder en bonne forme émotionnelle? Comment conserve-t-on le contrôle de soi? Les problèmes les plus courants qui affectent négativement la capacité que peut avoir un adulte de contrôler sa colère sont la dépression, la fatigue et l'anxiété. La plupart des gens ne savent pas prévenir une dépression car ils ne comprennent pas combien celle-ci peut être déterminée par la quantité de temps qu'ils passent en compagnie des autres et celle qu'ils passent tout seuls. Chaque personne, quand il s'agit de la répartition de son temps, a des besoins particuliers. En effet, il y a des gens qui ont besoin de passer plus de temps dans la société des autres alors que d'autres ont besoin de passer plus de temps tout seuls. Malheureusement, je n'arrive pas à me souvenir avoir rencontré une seule personne qui était consciente de ce fait si important. La majorité des gens suivent ce schéma: Ils passent de plus en plus de temps en compagnie des autres jusqu'à en arriver au point de saturation. Ceci les amène à être émotionnellement vidés et fatigués et les rend sujets à la dépression à la suite de ce contact social excessif. Une fois en dépression, la plupart des gens ont le désir de se retirer et de vivre en ermite. Maintenant fatigués d'être toujours avec du monde, ils se mettent à passer beaucoup de temps seuls. Cela ne dure pas. Bientôt, ils se sentent solitaires, ils ont envie de voir du monde, ils recherchent de la compagnie et le même cycle recommence. Voilà une des raisons pour laquelle si peu de gens mènent une vie équilibrée et bien réglée.

Bien sûr certaines personnes infortunées ne possèdent pas suffisamment de contrôle sur leur propre vie pour pouvoir arriver à un tel équilibre. Elles peuvent être obligées de passer trop de temps avec les autres car elles n'ont pas les moyens d'avoir leur intimité. D'autres personnes passent trop de temps toutes seules car elles y sont forcées par la vieillesse, la maladie ou l'impossibilité d'avoir des amis. D'une façon ou d'une autre, la dépression est généralement présente et misérable.

Par égard pour vous et pour l'amour de votre adolescent, il serait nécessaire que vous déterminiez quelle est la quantité de votre temps que vous devez passer en compagnie des autres et celle que vous devez passer seul. Cette proportion peut varier d'une personne à l'autre et même elle peut varier chez une même personne et changer avec le temps, les saisons et les circonstances.

La qualité de ces périodes est également très importante et tout particulièrement, le temps que vous passez seul devrait pouvoir vous rafraîchir émotionnellement. À cette fin, vous pouvez employer ce temps de solitude à lire un bon livre, faire une excursion, une marche ou de l'exercice, à prier ou méditer. Il faut savoir que la télévision comble rarement ce besoin d'isolement. En fait, vous avez déjà dû vous rendre compte que regarder le petit écran draine les énergies et met encore plus à plat.

La stabilité émotionnelle et la maîtrise de soi ne sont pas le fait du hasard. Pour faire face à la tension et à la frustration que tout adolescent normal vous fera subir, pour conserver avec lui une relation saine et pour garder ouvertes les voies de communication, vous devez vous entrainer à posséder une bonne maîtrise de soi et tout particulièrement un bon contrôle de votre colère. Il est destructif, et plus particulièrement si cela arrive trop souvent et sans être résolu, de réagir avec un excès d'émotivité. Cela, naturellement, nous arrive à tous mais si cela ne se produit pas souvent, il peut être possible de changer cette situation négative en une situation positive. Le moyen de le faire est de savoir s'excuser auprès de votre fils ou de votre fille pour votre réaction exagérée et de lui demander pardon. Vous pouvez lui dire quelque chose comme cela: «Chéri, je suis désolé d'avoir exagéré hier et d'avoir crié. Ce que tu as fait était mal, mais moi, j'ai réagi avec excès et j'aurais dû considérer la situation avec plus de calme. Me pardonnes-tu?» Cette approche non seulement empêche de nombreux désastres, mais elle peut même fortifier et adoucir une relation parent-enfant. Cependant, si vous réagissez avec excès trop souvent, si vous exagérez à l'extrême, dire tout simplement que vous êtes désolé et demander pardon ne marchera pas. Au contraire, cela pourrait même vous diminuer aux yeux de votre enfant.

Plus vous serez agréable avec votre adolescent, plus vous pourrez vous permettre d'être ferme en établissant des limites et en imposant une discipline. De la même façon, plus vous serez désagréable avec votre adolescent, moins vous pourrez vous permettre d'être ferme. Pourquoi? Tout d'abord, comme nous l'avons déjà mentionné, plus vous êtes désagréable, plus vous dissipez votre autorité paternelle ou maternelle en laissant libre cours à votre colère et à votre frustration. Plus vous êtes agréable, plus vous conservez d'autorité afin de pouvoir contrôler la conduite de votre adolescent. Et n'est-ce pas là votre désir? Sincèrement, comment pouvez-vous désirer que votre adolescent ait une bonne maîtrise de soi, quand vous n'en possédez pas vous-même? Si vous voulez rester agréable au milieu des luttes désagréables mais normales de l'adolescence, vous avez besoin d'énergie, de préparation et d'auto-discipline.

Il vous sera difficile de maîtriser votre colère si votre vie *spirituelle* n'est pas saine. Une vie spirituelle maladive peut causer de la dépression et de l'anxiété. Elle peut aussi affecter votre façon de penser au point où vous en arriverez à prendre de mauvaises décisions ou à tirer des conclusions inexactes et où même vos idées au sujet des mobiles des autres seront faussées. Naturellement, chacun de ces problèmes vous fera perdre votre perspective spirituelle et entravera votre capacité de maîtriser votre colère.

Je crois qu'une vie spirituelle saine est une vie dans laquelle les communications entre vous et Dieu restent ouvertes. Comment cela peut-il se faire? D'abord, il faut que vous soyez sûr d'avoir un cœur pur et pour cela vous pouvez demander à Dieu de sonder votre cœur et de vous convaincre de toute faute qu'Il y trouvera. Ensuite, vous devez confesser ces fautes et accepter de Dieu le pardon et la purification: Les voies de communication entre vous et Dieu sont maintenant déblayées et vous êtes en mesure de vous laisser attirer tout près de Lui et Lui de vous. Dieu peut alors remplir votre réservoir affectif et spirituel et Il le fera en étant tout près de vous pour vous écouter, vous guider, vous réconforter et vous rassurer avec Ses promesses et Son amour.

Il faut passer suffisamment de temps en intimité avec Dieu pour Le connaître vraiment, pour Lui permettre de vous remplir de Sa présence et vous préparer à vos responsabilités de parent.

J'ai de la difficulté à passer du temps seul avec Dieu, sans aucune distraction. Mon temps de rafraîchissement émotionnel et spirituel avec mon Père céleste arrive souvent après que tous les enfants sont au lit, généralement entre 9 h et 9 h 30 du soir. Pour échapper aux distractions, je fais souvent une marche ou, chaque fois que le temps le permet, je m'assieds à l'extérieur ou le cas échéant, dans une pièce tranquille. Il me faut généralement 10 à 20 minutes de solitude avant de me sentir près de Dieu et calmer mon être intérieur après une journée particulièrement trépidante. Dieu n'est pas pressé. Il ne bouscule personne. Il est parfaitement calme et Il se plaît à nous parler dans un murmure doux et léger.

Votre capacité à maîtriser votre colère est influencée par de nombreux autres facteurs et la majorité d'entre eux n'ont que peu ou rien à faire avec votre adolescent. Après la condition de votre vie spirituelle, un de ces facteurs est la qualité de votre condition physique. Mangez-vous des aliments qui vont vous permettre de vous sentir de votre mieux ? Je connais de nombreuses personnes qui croient que leur alimentation est adéquate alors qu'elle ne l'est pas du tout. La plupart des autorités considèrent que le repas le plus important de la journée est le petit déjeuner. Ce que vous mangez le matin déterminera plus ou moins la façon dont vous allez vous sentir pour le reste de la journée. À ce repas, la plupart des gens mangent trop d'hydrates de carbone raffinés et pas suffisamment d'aliments riches en fibres et en protéines. Ceci entraîne généralement un manque d'énergie plus tard dans la journée et les amène à rechercher des stimulants comme le café ou les boissons gazeuses (la majorité de ces boissons comportent de la caféine). La caféine a des effets divers selon les gens, mais aucun de ces effets ne donne la stabilité et le calme dont vous avez besoin avec un adolescent. Ainsi, si vous désirez obtenir la maîtrise de soi, un bon moyen est de commencer votre journée avec un petit déjeuner pauvre en hydrates de carbone raffinés et riche en protéines et en fibres (céréales complètes) et de vous abstenir de caféine sous toutes ses formes.

Beaucoup de gens pensent bien faire en sautant le petit déjeuner et même le déjeuner. Il faut bien le comprendre, sauter des repas n'aide pas à maigrir et ne produit pas un sentiment de bien-être. Au déjeuner, il est une fois de plus important de ne pas manger trop d'hydrates de carbone raffinés (gâteaux, biscuits, pain blanc) et d'éviter la caféine. L'excès d'hydrates de carbone raffinés sape l'énergie. La caféine augmente l'irritabilité. Il est extraordinaire de constater combien on se sent mieux après un repas composé d'une salade riche en verdures plutôt que d'un sandwich ou d'un «hamburger».

Le diner est un repas où la majorité des gens ont tendance à trop manger. C'est une des raisons pour lesquelles il est important de faire un petit déjeuner et un déjeuner sains. Si vous avez mangé trop d'hydrates de carbone raffinés ou si vous avez sauté un ou les deux repas précédents, vous ne pouvez pas être en mesure de contrôler votre ration alimentaire à la fin de la journée, surtout si vous êtes déprimé ou craintif. De plus, si vous mangez mal au repas du soir, vous ne vous sentirez pas bien dans le courant de la soirée.

Pour prévenir une dépression, le gros bon sens saura vous le dire, un programme régulier d'exercices, une bonne alimentation, des récréations et une vie spirituelle saine sont des facteurs essentiels. Malheureusement, toutes les dépressions ne peuvent pas être évitées. Il existe des personnes qui sont biochimiquement ou héréditairement prédisposées à faire des dépressions. Lorsqu'une telle personne, après avoir fait tout ce qui est en son pouvoir pour prévenir une dépression, s'y trouve malgré tout en plein milieu, elle doit rechercher de l'aide et cela non seulement dans son intérêt mais aussi dans celui de sa famille. Un parent moyennement ou gravement déprimé ne peut tout simplement pas diriger correctement un adolescent. Tout en souffrira, tant la relation parent-enfant que l'adolescent lui-même.

Bob était un garçon de 17 ans que je recevais en consultation car il utilisait de la drogue, il avait de mauvaises notes à l'école et il affichait une attitude provocante. Lorsque je le vis seul, je trouvais que c'était un garçon calme, poli et exceptionnellement facile d'approche. Je sentais qu'il était sincère lorsqu'il déclarait qu'il n'aimait pas sa conduite et qu'il désirait changer. Il me dit qu'il avait bien essayé de modifier son comportement, mais après des accès de disputes et de querelles avec son père — ce qui était quotidien — il était tellement enragé que la seule chose à laquelle il pouvait penser, c'était de retourner faire exactement ce que son père (et lui-même) n'aimait pas. Bien sûr, je cherchai à vérifier les propos de Bob et à voir s'ils étaient exacts et pour cela je demandai aux parents de Bob de se joindre à nous.

Le père de Bob était un homme extraordinairement colérique. Immédiatement, il fit une remarque grossièrement hostile au sujet de «la terrible et inacceptable conduite» de Bob. Sa colère et la férocité de ses remarques continuèrent et même augmentèrent. Bob ne dit rien, mais il était évident qu'une colère profonde et douloureuse était en train de bouillonner à l'intérieur de lui-même. Finalement, la mère de Bob chercha à intervenir en disant au père que la conduite de Bob avait récemment été bonne et qu'elle ne pouvait pas comprendre pourquoi il était tellement fâché. Je remarquai aussi que le comportement dont se plaignait le père ne justifiait pas une condamnation aussi violente. Non seulement, il ignora les appels à la clémence de la mère mais il était évident qu'il utilisait la conduite de Bob comme une excuse pour se débarrasser d'une colère excessive. Lorsque je parlai au père seul, j'appris la cause réelle de sa frustration: Il avait de graves problèmes à son travail, il était extrêmement déprimé, il n'arrivait pas à dormir comme il faut, il mangeait à peine, il se fatiguait facilement et il avait le sentiment que la vie ne valait pas la peine d'être vécue. Bob était le seul «endroit sûr» où il pouvait laisser évacuer sa misère. Je ne sais pas qui me fit le plus de peine — Bob, sa mère ou son père.

C'est un fait courant: Les adolescents sont souvent les réceptacles de la colère déplacée de leurs parents. Certes les adolescents ont souvent tendance à nous mettre sous pression, à provoquer en nous des tensions, à nous bouleverser et à nous mettre en colère. C'est pourquoi il semble parfois justifié de rejeter sur eux toute notre colère accumulée. Cependant, cela est terriblement dangereux. Une trop grande et excessive colère est l'ennemie des parents qui cherchent à créer des liens avec leurs adolescents. Rien ne coupe plus les communications parent-adolescent qu'une colère mal contrôlée.

La plupart des parents semblent croire que leurs adolescents n'ont plus autant besoin de leur amour et de leur affection que lorsqu'ils étaient petits enfants. Ce n'est tout simplement pas vrai. Les adolescents, plus que jamais, ont besoin d'amour, d'affection, de fermeté et de soins, même si leur désir biologique d'indépendance les fait parfois agir comme s'ils n'en avaient plus besoin.

J'ai fait cette erreur avec ma fille Carey. Son dix-huitième anniversaire et sa sortie de l'école secondaire ont à peu près coïncidé. Dans mon esprit, inconsciemment, je fis de mon enfant une adulte indépendante. Heureusement ma femme Pat remarqua l'effet que ceci eut sur elle. Elle m'en fit part et je pus me rendre compte que je n'apportais plus autant d'amour ni ne prenais plus autant soin de Carey qu'auparavant. Cela, naturellement, lui faisait de la peine car elle croyait qu'elle avait fait quelque chose de mal. Lorsque je pus m'en rendre compte, je fus à nouveau capable de m'occuper d'elle comme de ma fille, comme mon enfant.

L'être humain n'arrive jamais réellement au point où il n'a plus besoin d'être aimé et entouré. Ces besoins fondamentaux peuvent peu à peu être comblés par d'autres personnes à l'âge adulte mais pendant ces années où nos enfants dépendent de nous, notre devoir de parents est d'être toujours disponibles et prêts à les aimer et à les nourrir affectivement et cela, chaque fois qu'ils en ont besoin. Rappelez-vous que les années de l'adolescence sont particulièrement exigeantes.

# 7

# L'adolescent
# et
# la colère

De nombreux parents considèrent que la colère chez un enfant, c'est mauvais ou anormal et que son expression devrait être réprimée ou interdite. Ceci est une erreur dangereuse. Les Saintes Écritures nous donnent la recommandation suivante: «Instruis l'enfant selon (ou dans) la voie qu'il doit suivre[1].» Or, une des choses les plus importantes pour laquelle un enfant et tout particulièrement un adolescent a besoin d'instruction est bien la maîtrise de la colère.

Le sentiment de colère n'est ni mauvais ni bon en soi. La colère est un phénomène normal qui survient dans chaque être humain. Le problème ne se situe pas dans la colère elle-même mais dans la façon de l'exprimer. C'est à ce niveau-là que la majorité des gens ont des problèmes. Je crois donc qu'il est *impérieux* de comprendre que l'on peut exprimer sa colère de diverses manières et il faut apprendre quelles sont les meilleures et les pires.

## Le comportement passif-agressif

Commençons par ce que je considère être la pire façon d'exprimer sa colère: le comportement passif-agressif. En général, j'évite l'emploi de termes professionnels, mais je vous recommande fortement d'intégrer celui-ci à votre vocabulaire. Le comportement passif-agressif est à l'opposé d'une expression verbale, ouverte, honnête et directe de la colère. Le comportement passif-agressif est une expression de la colère qui se retourne contre quelqu'un d'une manière indirecte: La remise des affaires à plus tard, la traînerie, l'entêtement, l'incompétence intentionnelle et les «oublis» en sont quelques exemples. Le but subconscient d'un tel comportement est, pour l'adolescent, de déranger ou de bouleverser ses parents ou ceux qui les représentent et de les faire mettre en colère.

Les techniques passives-agressives utilisées pour comprimer sa colère sont indirectes, rusées, vouées à la frustration personnelle et destructrices. Malheureusement, la motivation d'une conduite passive-agressive est subconsciente. Il faut le comprendre, l'enfant n'est pas conscient qu'il utilise cette attitude de résistance et d'obstruction pour décharger sa colère refoulée et bouleverser ses parents.

Une des façons les plus précoces par laquelle un enfant peut manifester des tendances passives-agressives est de faire à nouveau dans sa culotte après être devenu propre. Dans de très nombreux cas semblables, les parents ont interdit à l'enfant d'exprimer toute forme de colère et tout particulièrement, ils lui ont interdit de le faire verbalement. En effet, si ses parents réagissent avec excès en se fâchant terriblement ou même en le punissant chaque fois qu'il exprime sa colère ouvertement, que peut encore faire un enfant de sa colère qui surgit automatiquement et normalement?

Dans une telle situation, tout ce qu'un enfant peut faire, c'est utiliser un comportement passif-agressif qui lui permet de se retourner contre ses parents avec des moyens qui vont les bouleverser, et souiller sa culotte est un moyen très efficace quoique très malsain d'exprimer sa colère. Comme ils ont refusé à l'enfant la permission d'exprimer sa colère ouvertement et directement, il est obligé d'utiliser une façon indirecte et nuisible de le faire. Voilà les parents acculés au pied du mur car plus ils punissent l'enfant, plus il souille sa culotte. Pourquoi? Tout simplement, parce que le but même, quoique subconscient, d'une conduite passive-agressive est de *bouleverser* les parents. Quel dilemne! Que Dieu ait pitié tant des parents que de l'enfant qui se trouvent dans une telle situation!

De très nombreux enfants plus âgés qui utilisent des moyens passifs-agressifs pour exprimer leur colère, travaillent très mal à l'école. Leur attitude exprime ceci: «Vous pouvez mener un cheval à l'abreuvoir mais vous ne pouvez le forcer à boire. Vous pouvez me forcer à aller à l'école mais vous ne pouvez me forcer à avoir de bonnes notes.» Une fois de plus, les parents sont démunis: c'est la colère de l'enfant qui est maîtresse de la situation et plus les parents sont bouleversés — ce qui est précisément le but subconscient de tout cela — pire est la situation.

Il est très important de comprendre et de savoir que l'enfant passif-agressif ne fait pas ces choses consciemment ou de propos délibéré. Elles font partie d'un processus inconscient qu'il ignore et dans lequel ses propres parents l'ont poussé.

Un tel comportement est déjà grave chez de jeunes enfants, mais chez un adolescent il peut être complètement désastreux. J'ai pu constater que cette façon malsaine de manifester sa colère entraîne des adolescents à des actes de plus en plus graves: mauvais résultats scolaires, usage de drogues, grossesse illégitime, délits et crimes, tentative de suicide. Bien qu'il y ait évidemment d'autres causes à ces types de comportement, la tendance passive-agressive reste une cause extrêmement sérieuse et de plus en plus courante parmi les adolescents.

J'ai rencontré de nombreux adolescents qui ont de mauvaises notes à l'école parce que leurs parents sont inaccessibles: ils réagissent avec une émotivité excessive, ils sont intolérants, ils ne permettent pas à leurs adolescents d'exprimer des sentiments négatifs ou désagréables. J'ai rencontré d'autres adolescents qui désobéissent à leurs parents et qui rentrent toujours en retard, non parce qu'ils ont un désir normal d'indépendance, mais parce qu'ils veulent embêter leurs parents et exprimer leur colère indirectement. J'ai rencontré des filles qui étaient tombées enceintes et c'était un geste de colère contre leurs parents car elles n'avaient jamais eu le droit d'exprimer des sentiments désagréables et tout particulièrement la colère. J'ai rencontré des adolescents qui ont développé des attitudes antisociales et rebelles à toute autorité pour avoir un moyen d'exprimer leur colère.

J'ai rencontré des adolescents qui, d'une façon encore plus complexe, retournaient leur colère non résolue contre eux-mêmes au point qu'elle leur cause des problèmes psychosomatiques tels que maux de tête, ulcères et problèmes de peau. Plus tragiquement, j'ai vu ce comportement passif-agressif tellement enraciné chez des adolescents qu'il est devenu leur façon spontanée et première de résoudre n'importe quelle situation qui les met en colère. Ils en arrivent à utiliser le suicide comme un moyen d'exprimer indirectement leur colère.

Récemment, j'ai reçu dans mon bureau une jeune fille de 16 ans. Ses parents croyaient, mais à tort, qu'ils élevaient correctement leur fille en lui refusant toute possibilité d'exprimer des sentiments désagréables et tout particulièrement la colère. Ils pensaient qu'ils lui enseigneraient à être une personne heureuse si elle apprenait à n'exprimer que des sentiments agréables. C'est ainsi qu'elle apprit à éviter l'expression ouverte de sa colère envers la source de sa frustration et qu'elle prit l'habitude d'exprimer sa colère de façon à faire indirectement du tort à la personne qui l'avait froissée. Cela devint une habitude tellement profonde que la presque totalité de son comportement ne pouvait être compris que dans la mesure où l'on savait qu'elle cherchait à blesser quelqu'un indirectement. Finalement, ce qui l'amena à rechercher de l'aide fut sa sixième tentative de suicide. Chaque tentative avait été planifiée pour donner un sentiment de culpabilité, bouleverser et blesser une personne en particulier. Les cinq premières tentatives n'avaient pas été vraiment voulues et elles ne menacèrent pas terriblement sa vie. Cependant, la sixième tentative la mit dans un coma et elle fut très proche de la mort pendant plusieurs jours. Alors que je parlais avec elle après son rétablissement, je sentis nettement que sa conduite l'intriguait réellement. Elle ne pouvait pas comprendre que son comportement était une manière d'être établie de longue date pour exprimer sa colère par des moyens malsains, retournés contre soi, destructeurs, indirects et déplacés.

Le comportement passif-agressif est très courant. Pourquoi? Tout simplement parce que la majorité des gens ne comprennent pas ce qu'est la colère et ils ne savent pas quoi en faire. Ils ressentent la colère comme quelque chose qui, d'une manière ou d'une autre est mauvaise ou coupable et qu'il faut dompter chez l'enfant. Cela est une grave erreur car le sentiment de la colère est normal et il a été et sera ressenti par toute personne née en ce monde. Lorsque votre enfant se fâche, si vous le frappez ou si vous lui criez: «Arrête de parler ainsi, je ne le tolèrerai pas», que peut-il faire? Il ne peut faire que deux choses: désobéir et continuer à parler ainsi ou obéir et cesser de parler ainsi. S'il choisit la deuxième solution et cesse d'exprimer sa colère, celle-ci ne s'en ira pas pour autant. L'enfant la refoulera dans son subconscient où elle restera sans solution et prête à s'exprimer plus tard à travers un comportement inadéquat ou/et passif-agressif.

Les parents font une autre erreur au sujet de l'expression de la colère et c'est l'usage inapproprié d'humour. De nombreux parents, chaque fois que la situation devient tendue, et en particulier lorsqu'une personne est en train de se fâcher, se mettent à faire des plaisanteries pour soulager la tension. Naturellement, l'humour est un merveilleux atoût dans toute famille mais lorsqu'il est régulièrement utilisé pour ne pas faire correctement face à la colère, il empêche les adolescents d'apprendre à s'en occuper adéquatement.

Je me trouvais dernièrement en visite dans une famille où le père avait un sens rare et très vif de l'humour. Chaque fois que sa femme ou qu'un de ses adolescents commençait à exprimer un sentiment négatif, il lançait une plaisanterie. En conséquence, aucun des adolescents de cette famille ne pouvait venir à bout de sa colère et avait recours à des moyens passifs-agressifs pour l'exprimer indirectement. Le garçon, chaque fois qu'il subissait une frustration ou qu'il vivait une situation génératrice de colère, avait de sérieux maux de tête. La fille manifestait sa colère indirectement en offrant volontairement son aide à sa mère pour le ménage, mais elle travaillait si mal qu'elle causait à sa mère plus de travail que si elle ne l'avait pas aidée du tout.

Le comportement passif-agressif devient facilement une manière d'être enracinée et habituelle qui peut durer toute la vie. Si un enfant ou un adulte évite de s'occuper honnêtement et ouvertement de sa colère et d'une manière appropriée, il peut en venir à utiliser des techniques passives-agressives dans chacune de ses relations. Cela peut affecter plus tard ses relations avec son épouse, ses enfants, ses associés et ses amis. Quelle tragédie! Et dire que la majorité de ces malheureuses personnes ne sont pas pleinement conscientes de leur conduite auto-destructrice ou de leurs problèmes à résoudre leur colère.

Entre parenthèses, un des plus courants et des plus dangereux types d'agressivité passive se rencontre dans la conduite automobile. Avez-vous déja remarqué comment certaines personnes se mettent à accélérer lorsque vous essayez de les dépasser? Ou bien, avez-vous déjà rencontré un conducteur qui vous dépasse sur l'autoroute uniquement pour se ranger avec précipitation juste en avant de vous, vous forçant ainsi à freiner brusquement pour ne pas foncer sur lui? Voilà des exemples flagrants d'un comportement passif-agressif. Inutile d'ajouter à ce point, qu'il est difficile d'apprécier une personne passive-agressive.

Cela m'amène à penser à une femme de 39 ans nommée Margaret. Elle était née et avait été élevée dans un foyer chrétien. Malheureusement, elle avait eu des parents qui croyaient qu'il ne fallait jamais permettre à un enfant d'exprimer sa colère. Ainsi donc, on ne lui apprit jamais à la manier correctement et à la résoudre et elle grandit et devint un individu dont le comportement global était calculé pour arriver à embêter ses parents. Sa vie entière est orientée en vue de faire exactement le contraire de ce que ses parents désirent. Les schémas de sa conduite sont inconscients ou plutôt ils échappent à sa conscience, car consciemment, elle pense être une bonne chrétienne et elle désire sincèrement vivre une vie correcte. Pourtant, elle a eu une aventure après l'autre avec des hommes mariés. Elle a été inculpée pour détournement de fonds et pour fraude. Margaret est une énigme pour elle-même et jusqu'à ce qu'elle suive une thérapie, elle ne pouvait comprendre pourquoi son genre de vie et son comportement ne coïncidaient absolument pas avec ses croyances fondamentales. Sa vie est une vie gâchée par son auto-destruction et son propre abaissement et cela parce que le but principal de sa vie a été de se conduire d'une manière exactement contraire à ce que ses parents désiraient d'elle. Que c'est tragique!

Le comportement passif-agressif est absolument la pire façon d'exprimer sa colère pour plusieurs raisons:

● Il peut facilement devenir une manière d'être enracinée et tenace qui durera toute la vie.

- Il peut déformer une personnalité et rendre une personne plutôt désagréable.

- Il peut entraver toutes les relations futures de l'adolescent.

- Il est un des désordres du comportement le plus difficile à traiter et à corriger.

Les Saintes Écritures nous enseignent qu'il faut instruire un enfant selon la voie qu'il doit suivre. Forcer un enfant à réprimer sa colère sans la résoudre correctement, c'est instruire un enfant dans la voie qu'il ne doit *pas* suivre. Il est crucial d'enseigner à un enfant à prendre en main sa colère et à s'en occuper correctement. Pour cela, il faut l'aider à résoudre sa colère et non pas à la refouler.

## L'échelle de la colère

Il existe plusieurs façons de manifester sa colère. Plus une personne manque de maturité, plus elle va exprimer sa colère avec immaturité. Savoir canaliser sa colère d'une manière appropriée et avec maturité est une des leçons les plus difficiles qu'il faut apprendre lorsque l'on veut devenir une personne mûre et malheureusement il y a de nombreux adultes qui ne l'apprennent jamais.

Les enfants ont tendance à manifester leur colère avec immaturité jusqu'à ce qu'on leur apprenne à le faire autrement. On ne peut pas s'attendre à ce qu'un adolescent exprime *automatiquement* sa colère de la façon la meilleure et la plus mûre. Cependant, c'est exactement ça que les parents exigent lorsqu'ils se contentent de dire à leurs adolescents de ne pas se fâcher alors que leur devoir est de les instruire à franchir une étape à la fois dans leur apprentissage d'une expression correcte de la colère.

L'échelle de la colère est destinée à illustrer les différents niveaux de la maturité dans l'expression de la colère et à aider les parents à voir qu'ils doivent encourager et montrer à leur adolescent comment progresser d'un échelon ou d'un niveau de maturité à un autre. C'est ainsi qu'il arrivera à exprimer sa colère d'une manière de plus en plus adéquate.

1. Comme nous l'avons déjà dit, le comportement passif-agressif est la pire façon d'exprimer sa colère.

2. Une façon légèrement meilleure d'exprimer sa colère est d'avoir *un comportement tout à fait hors de contrôle* : La personne fait une rage, elle détruit effectivement des choses et/ou elle est violente envers une autre personne. Aussi terrible que cela semble, un comportement passif-agressif est pire. Pourquoi? Parce qu'il est beaucoup plus facile de faire face à, de corriger et de prévenir un comportement furieux qu'un comportement passif-agressif.

3. Une façon un peu meilleure d'exprimer sa colère est *de faire une rage* mais de maintenir quand même suffisamment de maîtrise de soi pour ne pas faire de la casse et pour ne pas être violent envers autrui. L'éclat se limite aux cris, aux hurlements ou aux jurons dirigés de façon à blesser verbalement quelqu'un, en lui lançant des vilains mots ou des accusations. La colère ne s'exprime pas seulement envers la personne avec laquelle on est fâché mais envers quiconque se trouve dans les parages. Aussi mauvaises et enfantines que soient ces méthodes d'exprimer sa colère, elles sont beaucoup meilleures que le comportement passif-agressif ou ces autres moyens où l'on exprime sa colère par son comportement.

4. Après cela, une meilleure façon d'exprimer sa colère est de la manifester *verbalement* quoique sans contrôle, mais sans chercher à blesser qui que ce soit verbalement en lui disant des vilains mots ou en le critiquant. Dans une telle situation, la colère est dirigée non seulement sur sa source, mais aussi contre quiconque se trouve là par hasard. Encore une fois, aussi primitive et piètre que soit cette méthode, elle est meilleure que celles que nous avons

mentionnées jusqu'à présent.

5. Une façon quelque peu meilleure d'exprimer sa colère est de la manifester d'une façon quelque peu désagréable, peut-être en criant et en hurlant, mais tout en limitant les remarques au problème qui cause la contrariété et si c'est le cas, à la personne qui nous a mis en colère. Naturellement, qu'il soit approprié ou non que l'adolescent manifeste sa colère envers la personne qui l'a fâché, cela dépend de la situation en particulier.

6. La meilleure façon d'exprimer sa colère est de le faire aussi agréablement et rationnellement que possible et de le faire à la personne qui nous a fâché. Il faut espérer que la personne vers qui est dirigée la colère répondra avec une maturité semblable, qu'elle cherchera à comprendre la position de son interlocuteur et qu'ensemble, ils pourront rechercher des solutions. À cette fin, il faut que les deux personnes examinent le problème rationnellement et logiquement, qu'elles en discutent, qu'elles arrivent à comprendre les deux facettes de la médaille et qu'elles parviennent à se mettre d'accord sur la solution. Cela exige beaucoup de maturité de la part des deux antagonistes. Peu de personnes atteignent ce degré de maturité dans leur vie.

Je trouve qu'il est très complexe de décrire les différents niveaux de maturité dans la manifestation de la colère et que c'est difficile à comprendre. Pour simplifier tout cela autant que possible et pour vous permettre d'acquérir une connaissance que vous pourrez exploiter, j'ai inventé l'échelle de la colère. Sur cette échelle, seuls les deux derniers échelons sont pleinement positifs.

La liste qui suit indique les quinze façons possibles de se comporter alors que l'on manifeste sa colère et elles sont combinées en divers arrangements sur l'échelle de la colère. Remarquez encore une fois que sur cette échelle la majorité des expressions de la colère sont négatives et que seuls les deux derniers échelons du haut sont pleinement positifs.

1. Comportement agréable.

2. Désir de trouver une solution.

3. Diriger sa colère uniquement sur son objet.

4. S'en tenir à la plainte initiale.

5. Penser logiquement et d'une façon constructive.

6. Comportement désagréable et bruyant.

7. Blasphémer.

8. Déplacer sa colère sur d'autres sources que la première.

9. Faire des plaintes sans rapport avec l'objet de la colère.

10. Jeter des choses.

11. Détruire des choses.

12. Faire des abus verbaux.

13. Faire des abus physiques.

14. Avoir un comportement émotivement destructif.

15. Avoir un comportement passif-agressif.

Chaque échelon de cette échelle représente progressivement un moyen plus adéquat d'exprimer sa colère. Ne désirez-vous pas instruire votre enfant et l'encourager à gravir un échelon après l'autre? Vous pouvez y arriver.

## POSITIF

1. AGRÉABLE ● CHERCHER UNE SOLUTION ● GARDER SA COLÈRE DIRIGÉE SUR LA SOURCE ● S'EN TENIR À LA PLAINTE INITIALE ● PENSER LOGIQUEMENT.

2. AGRÉABLE ● CONCENTRER SA COLÈRE SUR LA SOURCE ● S'EN TENIR À LA PLAINTE INITIALE ● PENSER LOGIQUEMENT ●

## POSITIF et NÉGATIF

3. CONCENTRER SA COLÈRE SUR LA SOURCE ● S'EN TENIR À LA PLAINTE INITIALE ● PENSER LOGIQUEMENT ● **désagréable, bruyant ●**

4. S'EN TENIR À LA PLAINTE INITIALE ● PENSER LOGIQUEMENT ● **désagréable, bruyant ● déplacer sa colère sur d'autres sources ●**

5. CONCENTRER SA COLÈRE SUR LA SOURCE ● S'EN TENIR À LA PLAINTE INITIALE ● PENSER LOGIQUEMENT ● **désagréable, bruyant ● abus verbaux.**

6. S'EN TENIR À LA PLAINTE INITIALE ● PENSER LOGIQUEMENT ● **désagréable, bruyant ● déplacer sa colère sur d'autres sources ●**

7. PENSER LOGIQUEMENT ● **désagréable, bruyant ● déplacer sa colère sur d'autres sources ● faire des plaintes sans rapport avec l'objet de la colère ●**

## NÉGATIF À LA BASE

8. **désagréable, bruyant ● déplacer sa colère sur d'autres sources ● exprimer des plaintes sans rapport avec l'objet de la colère ● avoir une conduite émotivement destructrice ●**

9. **désagréable, bruyant ● déplacer sa colère sur d'autres sources ● exprimer des plaintes sans rapport avec l'objet de la colère ● abus verbaux ● conduite émotivement destructrice ●**

10. **désagréable, bruyant, blasphémer ● déplacer sa colère sur d'autres sources ● faire des plaintes sans rapport avec l'objet de la colère ● abus verbaux ● conduite émotivement destructrice ●**

11. MAINTENIR SA COLÈRE SUR SON OBJET ● **désagréable, bruyant ● blasphémer ● jeter des objets ● conduite émotivement destructrice ●**

12. **désagréable, bruyant ● blasphèmer ● déplacer sa colère sur d'autres sources ● jeter des objets ● conduite émotivement destructrice ●**

## NÉGATIF

13. **désagréable bruyant ● blasphèmer ● déplacer sa colère sur d'autres sources ● détruire des objets ● abus verbaux ● conduite émotivement destructrice ●**

14. MAINTENIR SA COLÈRE SUR SON OBJET ● **désagréable, bruyant ● blasphémer ● détruire des objets ● abus verbaux ● conduite émotivement destructrice ●**

15. **désagréable, bruyant ● blasphémer ● déplacer sa colère sur d'autres sources ● détruire des objets ● abus verbaux ● abus physiques ● conduite émotivement destructrice ●**

16. passif = comportement agressif ●

Tout d'abord, en tant que parents vous devriez être de bons exemples dans l'expression de votre colère. Il faut aussi que vous vous attendiez à ce que votre adolescent soit fâché à l'occasion. Au lieu de l'empêcher de se fâcher ou de réagir avec excès à sa colère, vous devez évaluer le niveau où il se trouve dans sa façon de manifester sa colère et à partir de là l'éduquer. Supposons qu'un adolescent dans la manifestation de sa colère se situe à l'échelon No. 6 de l'échelle de la colère. Il est donc désagréable, il la dirige vers des personnes non concernées (par exemple, son petit frère à la place de la personne contre laquelle il est fâché), mais il s'en tient à sa première plainte (c'est-à-dire ce qui l'ennuie) et il est logique et constructif (il essaie d'arranger les choses et non de les aggraver).

À ce moment, vous pouvez déterminer quelle est l'amélioration que vous désirez chez votre adolescent. Dans cet exemple précis, vous désirez qu'il apprenne à diriger sa colère vers la personne concernée et *non* à la passer sur son petit frère.

Pour faire son éducation sur ce sujet, vous devriez choisir un moment, peu de temps après que tous les deux vous vous soyez calmés et que l'atmosphère soit à nouveau agréable. Dans ces moments extrêmement favorables, félicitez et louez votre adolescent pour sa façon *correcte et positive* d'exprimer sa colère. *Puis* demandez-lui de corriger cet élément particulier que vous désirez voir disparaître. Dans ce cas précis, demandez-lui de ne plus déverser sa colère sur son petit frère.

Maintenant, laissez-moi tirer au clair un point qui peut porter à confusion. Vous devez instruire votre enfant dans l'expression *verbale* de sa colère afin qu'il apprenne à mieux l'exprimer. Je n'encourage nullement le laisser-aller dans le comportement. Vous devez rester ferme et ne pas permettre à votre adolescent de se conduire avec inconvenance. Vous devez

poser des limites fermes et résolues à son comportement. Il est extrêmement important de faire une dis-
tinction entre une expression verbale de la colère et
une expression physique à travers un comportement
déplacé.

Comme la plupart des gens, je connais des moments où la colère est pour moi un problème. Il
m'arrive d'avoir de la difficulté à maîtriser ma propre
colère, celle qui bouillonne à l'intérieur de moi-même
ainsi que celle de mes enfants. Cependant voici une
expérience que je crois avoir bien dirigée. Plus, elle
m'a permis d'obtenir une perspicacité extraordinaire
dans tout le domaine de la colère enfantine. Un jour,
mon garçon David arriva à la maison vers 3h30 de
l'après-midi, surchargé de devoirs et de leçons, et si
ce n'est 10 minutes qu'il prit pour manger, il était encore
au travail vers 11h30 du soir. De plus, il devait remettre
un compte-rendu de livre à quelques jours de là. À
11h30, je lui dis: «David, je me fiche de la quantité
de travail qu'il te reste encore à faire, tu as besoin de
dormir et je veux maintenant que tu ailles au lit.»

Il répliqua: «Je t'en prie, papa, donne-moi encore
cinq minutes, j'ai presque fini.»

Je répondis: «D'accord, cinq minutes et pas une
de plus.» Je retournai dans ma chambre à coucher
avec ma femme. Quelques minutes plus tard, David
arriva avec un livre dans la main et il se dirigea vers
sa mère. Il lui dit: «Maman, je pense que je vais
utiliser ce livre-là pour mon compte-rendu.»

Sa mère regarda le livre et répliqua: «Non,
David, tu ne peux utiliser ce livre car c'est le même
que celui que tu as présenté l'année dernière.»

David dit: «Je sais, mais je peux faire un autre
compte-rendu à son sujet et cela m'évitera de lire un
nouveau livre.»

Sa mère répliqua: «Je regrette, David, mais cela
n'est pas bon. Tu dois lire un nouveau livre.»

David se fâcha et répliqua à sa mère d'une voix forte et en colère: «D'accord! Je vais lire un nouveau livre. Aide-moi seulement à en trouver un et je le lirai! D'accord! Je vais en lire un autre!»

Ma première réaction fut une réaction typique que l'on peut avoir envers un enfant qui manifeste verbalement sa colère d'une façon désagréable et bruyante: Je sentis la colère monter en moi. Ma première pensée fut: *Comment peut-il oser parler à sa mère de cette manière-là? Je vais lui montrer que ça va lui coûter cher d'être aussi vulgaire.*

Fort heureusement, je me suis rappelé, à l'instant même, un événement tout récent. Trois jours auparavant, je m'étais tellement fâché contre un homme (et à l'église par dessus le marché) que je l'avais traité de menteur. Qui avait le mieux maîtrisé sa colère? David ou moi? C'est alors que je dus convenir que David l'avait fait mieux que moi. Il se trouvait à l'échelon No 2 de l'échelle de la colère alors que j'approchais de l'échelon No 5. David avait dirigé sa colère vers sa source, sa mère. Il ne l'avait pas déversée sur son petit frère, il n'avait pas frappé son chien, cassé des choses, essayé de blesser sa mère avec des vilains mots ou des critiques, il n'avait pas utilisé un comportement passif-agressif, il n'avait pas ramené des sujets désagréables ou des griefs antérieurs. Il avait tout simplement dit qu'il lirait un autre livre. Qui peut faire mieux? La seule chose incorrecte que David avait fait, c'était d'avoir parlé fort à sa mère. Peu de gens, y compris des adultes d'âge mûr, peuvent faire mieux.

Maintenant que serait-il arrivé si j'avais sauté sur David et si je l'avais puni? Laissez-moi vous le dire. Puisqu'il était à l'échelon No 2 sur l'échelle de la colère, la *prochaine* fois qu'il se serait mis en colère, il aurait été obligé d'utiliser un moyen moins raisonnable pour manifester sa colère et il l'aurait fait à un échelon plus bas sur l'échelle de la colère.

Que devais-je faire alors? La meilleure chose pour moi, c'était de ne rien dire. Ne rien dire ne signifie *pas* approuver. Il pouvait bien se rendre compte par l'air que nous avions sa mère et moi que nous n'aimions pas ses agissements. *En ne disant rien*, nous disions à David: «Nous n'aimons pas ce que tu fais, mais si tu choisis de le faire, continue. Ce n'est pas assez grave pour qu'on t'arrête, mais nous n'aimons pas ça.»

Après nous être tous calmés, David alla se coucher. J'allai vers David pour notre rituel du coucher (et ceci est un bon exemple qui prouve que ce genre de rituel est utile) et nous avons prié ensemble. Puis je dis à David: «J'ai été très fier de la façon dont tu as maîtrisé ta colère ce soir. Tu ne l'as pas déversée sur ton petit frère ou sur le chien. Tu n'as rien jeté, tu n'as pas boudé, tu n'as rien dit de mal. Tu as parlé directement à ta mère sans essayer de lui faire du tort avec des vilains mots ou des critiques. Tu as simplement dit que tu lirais un autre livre. C'est formidable. La seule chose mauvaise que tu as faite, c'est de crier contre ta mère.» L'effet de cette conversation fut extraordinaire. David se sentit soulagé que je ne sois pas fâché contre lui mais aussi il se sentit malheureux d'avoir crié contre sa mère. Le lendemain, il s'excusa auprès d'elle.

## Instruisez votre adolescent

Lorsque votre adolescent manifeste sa colère directement, réjouissez-vous et plus il le fera avec des mots, mieux ce sera. À ce moment, déterminez à quel niveau se situe votre adolescent sur l'échelle de la colère. Considérez en quoi il manifeste sa colère correctement et en quoi il le fait incorrectement.

Rappelez-vous que votre désir est d'*instruire* votre enfant dans la voie qu'il doit suivre. Tout d'abord, félicitez-le pour ce qu'il a fait de bien dans l'expression de sa colère. Après cela, vous pouvez lui faire prendre conscience des façons déplacées qu'il utilise (comme dire des vilains mots) et lui demander de les corriger. Choisissez le moment favorable et alors demandez-lui d'opérer une correction à la fois. Votre but est d'*instruire* votre enfant à grimper l'échelle de la colère, *un échelon à la fois.*

La plupart des parents s'attendent à ce que leurs enfants expriment leur colère avec maturité et qu'ils le fassent à l'échelon le plus élevé, *sans aucune éducation.* Cela équivaut à dire à un étudiant en tennis, avant sa première leçon: «Je crois que maintenant vous devriez être plus ou moins prêt pour le championnat.»

Il existe certains cas, où il est impossible de résoudre une colère comme, par exemple, lorsque la personne qui enflamme notre colère n'est pas accessible. Dans de telles circonstances, l'adolescent doit apprendre à utiliser d'autres moyens d'apaiser sa colère. Il peut faire de l'exercice, parler avec une personne mûre, se changer les idées en faisant une activité agréable ou en passant quelques moments seul, d'une manière détendue.

On peut aussi instruire un enfant à diriger sa propre colère en lui apprenant l'art de prévenir certaines colères par la *cognition*: c'est-à-dire, en utilisant un raisonnement intellectuel actif en vue de réduire la colère. Par exemple, j'ai pu remarquer, au cours de l'année dernière, chez mon fils de 13 ans, David, un changement merveilleux dans sa capacité de contrôler sa colère. Au lieu de réagir strictement avec émotivité, il a appris à utiliser plus fréquemment son raisonnement.

Il y a un an, lorsqu'il jouait au baseball, David s'emportait à l'occasion s'il voyait un joueur faire quelque chose qui était manifestement mal et surtout si cela l'amenait à subir une douleur physique. L'été dernier, je pus cependant remarquer un certain progrès. En voici un exemple. Dans une partie, David courait du troisième but vers le marbre quand le receveur attrapa la balle qui venait du champ extérieur.

Il était prêt à retirer David quand ce dernier le surprit en sautant par-dessus son gant. Malheureusement, il sautait par la même occasion au-delà du marbre et il était à plat ventre, rampant pour toucher le marbre quand le receveur, furieux d'avoir été ainsi joué, frappa David à la figure en le retirant. J'étais sidéré et j'avais peur que David, étant le garçon le plus grand, réagisse avec violence. À mon grand soulagement et étonnement, il ne fit que s'épousseter et calmement, il se dirigea vers l'abri. David avait appris à tuer intellectuellement sa colère dans l'œuf en comprenant que ce joueur particulier avait de la difficulté à assumer sa colère et qu'il l'exprimait d'une manière inappropriée. En un mot, David comprenait que le receveur n'avait rien contre lui en particulier mais qu'il avait agi ainsi à cause de ses problèmes personnels de comportement.

La majorité des adultes règlent leur forte colère d'une manière inappropriée: Ils peuvent perdre le contrôle d'eux-mêmes et déverser leur colère sur la mauvaise personne. Ils peuvent chercher à faire du tort par derrière aux personnes envers lesquelles ils sont fâchés et utiliser à cette fin une conduite passive-agressive, indirecte et enfantine. Et tout cela, parce que personne ne les a jamais instruits sur la manière la plus appropriée d'exprimer leur colère. Qui a failli à sa tâche? Sans aucun doute, ce sont les parents.

Chaque jour vous pouvez constater ces moyens enfantins d'exprimer la colère: Un mari et sa femme hurlent, crient et s'injurient mutuellement. La femme ou le mari a une aventure uniquement pour rendre à l'autre la monnaie de sa pièce. Un employé fait un mauvais travail pour détruire les intérêts de son employeur. Un directeur d'école abuse de son autorité envers un professeur d'école. Un professeur s'oppose subtilement à son directeur. Des groupes d'intérêts particuliers cherchent à léser les intérêts matériels des autres. De tous côtés, vous subissez les résultats de colères mal résolues. C'est un des plus grands problèmes dans le monde des affaires aujourd'hui et il entraîne de mauvais comportements tant chez l'employeur que chez l'employé. Soixante à quatre-vingt pour cent des problèmes dans n'importe quelle organisation sont des problèmes reliés au personnel car les personnes qui ont appris à exprimer leur colère avec maturité sont si rares! La plupart des gens savent très bien la cacher superficiellement lorsqu'ils se trouvent en face des autres, mais leur colère ressort plus tard et de façon inappropriée.

Une des choses les plus importantes qu'il faut comprendre au sujet de la colère lorsque nous nous occupons d'employés, de syndicats, de gouvernement ou d'adolescents, c'est qu'elle est inévitable. Elle peut survenir dans n'importe quelle relation humaine. Le fait le plus important après celui-ci, c'est que la colère aura tendance à augmenter et à devenir de plus en plus difficile à contrôler et même explosive, si on ne s'en occupe pas. Plus elle sera difficile à contrôler, plus elle sera destructrice. Il faut donc trouver des moyens de la tuer dans l'œuf lorsqu'elle découle de malentendus ou, lorsqu'elle est justifiée, faire en sorte qu'elle se dégonfle lentement puis se résolve. Un tel contrôle n'est naturel pour personne. La maturité que révèle une résolution appropriée de la colère s'acquiert par beaucoup de pratique et de temps.

---

1. Proverbes 22(6)

# 8

# Vers l'autonomie personnelle

Alors qu'un enfant pénètre dans l'adolescence, il est nécessaire que la discipline et l'éducation cessent graduellement d'être du ressort exclusif des parents. Jusqu'à présent, ce sont les parents qui ont assuré d'une façon presque arbitraire leur administration. Maintenant ils doivent apprendre à faire confiance à leur adolescent afin de pouvoir lui accorder des privilèges et des libertés selon le degré de confiance qu'ils ont en lui. En effet, lorsqu'un enfant est jeune et qu'il possède peu de jugement pour savoir comment agir, ce sont ses parents qui doivent prendre l'entière responsabilité de déterminer ce qu'il fera. Cependant, au fur et à mesure que l'enfant devient un pré-adolescent et qu'il se met à ressentir un besoin d'indépendance, il va chercher, et c'est normal, à exercer de plus en plus de contrôle sur son comportement. Il va manifester le désir de prendre des décisions qui le concernent. Les parents devraient veiller à ce que cette transition se fasse autant que possible sans heurts et sans traumatismes.

Pour y arriver, vous devez d'abord accepter que ce désir d'indépendance est tout à fait normal. Que vous le vouliez ou non, c'est inévitable, votre enfant va se détacher de vous. Cependant, vous pouvez, si vous le désirez, contrôler le rythme auquel il va obtenir son indépendance et pour cela vous pouvez vous baser sur son degré de maturité. Dans ce travail délicat, le meilleur indicatif dont vous pouvez vous servir, c'est le degré de confiance que vous pouvez accorder à votre enfant, sans être déçu, ainsi que sa capacité d'être raisonnable quant à sa conduite.

Évidemment, vous devez vous attendre à ce que votre adolescent teste les limites de votre contrôle ainsi que votre amour pour lui. Il est donc naturel que votre grand souci soit de savoir où mettre les limites: Doivent-elles être justes, larges et raisonnables ou doivent-elles être très strictes? Pour répondre à une telle question, il est important que vous vous rappeliez qu'un adolescent normal éprouvera — et parfois même brisera — vos limites ou vos règles peu importe où vous les placez. Si vos règles sont très restrictives, votre adolescent les mettra constamment à l'épreuve et il les brisera habituellement. Si elles sont larges, votre adolescent trouvera quand même un moyen quelconque de les défier ou de les briser. Le sens commun nous indique donc que puisque la tendance normale de la majorité des adolescents est de défier et/ou de briser les règles quelle que soit leur largesse ou leur étroitesse, la chose sensée à faire est de donner *au départ* des règles plutôt strictes et restrictives. Ensuite, au fur et à mesure que l'enfant démontre qu'on peut lui faire confiance et qu'il se conduit correctement, vous pourrez toujours très graduellement, lui accorder plus de privilèges avec de moins en moins de contrôle parental. En d'autres mots, ses privilèges dépendront des preuves qu'il vous donnera de sa fidélité. C'est logique; dans la mesure où votre adolescent se révèle de plus en plus digne de confiance, vous lui faites plus confiance, et dans la mesure où il manifeste une conduite appropriée, vous augmentez ses privilèges. Mais pour en arriver là, vous devez commencer par être restrictif.

Cette approche offre de nombreux avantages. D'abord, il est sage de se trouver dans une position où l'on va pouvoir accorder plus de privilèges et non pas moins. Votre relation avec votre adolescent est toujours meilleure lorsque vous pouvez être positif et elle l'est toujours beaucoup moins lorsque vous devez être négatif. Au moment où votre adolescent entre tout juste dans sa carrière d'adolescent et tout particulièrement dans sa vie sociale, si vous commencez par être plutôt restrictif, vous pourrez plus tard vous permettre d'être positif et accorder des privilèges: Vous serez alors « le bon gars » Cependant si vous commencez par être «large d'esprit, raisonnable et compréhensif» et que vous donnez à votre adolescent en herbe trop de privilèges et pas assez de restrictions, il ne vous reste qu'une corde à votre arc: augmenter vos restrictions. Vous serez alors «le mauvais gars.» De plus, si vos limites sont trop larges et trop indulgentes, et que votre adolescent les brise, vous lui donnez l'occasion d'attirer sur lui-même et sur sa famille, malheur et honte.

Je ne puis suffisamment insister sur l'importance de faire des règles qui vous permettront d'être aussi positif que possible. C'est pourquoi je vous recommande de commencer par être particulièrement strict dans le but d'accorder de plus en plus de privilèges. Or, si vous donnez tous les privilèges au départ, il ne vous reste plus rien avec quoi travailler. Il ne vous reste plus de moyen de récompenser votre adolescent lorsqu'il prend plus et mieux ses responsabilités. Pire, il ne vous reste plus aucun moyen pour l'éduquer à être fidèle et pour lui apprendre l'importance de savoir prendre ses responsabilités.

Le but que vous devez garder à l'esprit, lorsque vous commencez par être très strict et, que vous accordez progressivement des privilèges, c'est que votre adolescent soit à l'âge de 18 ans un adulte responsable, fidèle et indépendant.

Cela n'est pas facile, car il faut du courage et de la détermination pour faire en sorte que les privilèges accordés à votre adolescent soient strictement basés sur sa capacité de contrôler sa propre conduite. Il faut de la force pour résister aux pressions qui s'exerceront sur vous afin de vous amener à faire des concessions imméritées, pressions qui ne viendront pas seulement de votre adolescent mais aussi de ses copains, de leurs parents et même de la société.

Cependant, laissez-moi vous dire un fait crucial : Tous les adolescents, à un niveau quelconque de leur conscience, comprennent qu'ils ont besoin des conseils et du contrôle de leurs parents et ils les *désirent*. En effet, à tant de reprises, j'ai entendu des adolescents me dire que leurs parents ne les aimaient pas et pour preuve, ils avançaient que ceux-ci n'étaient pas assez stricts ou fermes! D'autre part, vous le savez, il y a beaucoup d'adolescents qui savent exprimer leur reconnaissance et leur amour à ces parents qui leur ont démontré souci et intérêt en les conseillant et en les tenant en bride. Allons, courage, vous serez récompensé pour votre fermeté.

## Apprendre à supporter les conséquences de ses actes

Il y a un autre facteur qu'il faut prendre en considération : Si l'on veut qu'un adolescent développe une conscience saine et qu'il apprenne à agir d'une manière responsable lorsqu'il sera adulte, il faut lui apprendre à supporter les conséquences de son comportement. Il doit savoir qu'elles seront positives s'il se comporte raisonnablement et avec à propos ou négatives s'il se comporte d'une manière inappropriée et irresponsable. En se basant sur le comportement de l'enfant et non sur leurs sentiments au moment donné, les parents devront déterminer quelles seront ces conséquences et faire en sorte qu'elles soient logiques et justes. Une fois de plus, il faut souligner l'importance pour les parents de posséder la maîtrise de soi. Ils doivent être en mesure de prendre des décisions basées sur un raisonnement clair et conséquent et non sur des impulsions émotives.

Comment y arriver? Pour répondre à cette question, étudions comme exemple un des sujets les plus difficiles: les sorties. Lorsque notre Carey eut 12 ans, elle désira se mettre à sortir et plus précisément à tenir des rendez-vous en tête à tête avec un garçon. Naturellement, ma femme et moi avons trouvé que Carey était trop jeune pour ce genre de sortie. Maintenant, je crois qu'il est important que les parents puissent avancer une bonne raison pour chacune de leurs règles ou de leurs décisions et je crois aussi qu'un adolescent a le droit de savoir le pourquoi de leurs raisons. D'autre part, il faut que les parents veillent et s'assurent que leurs raisons sont pratiques et pas tout simplement morales. Il est bon qu'il y ait derrière toute règle des principes moraux mais il faut aussi qu'elle soit soutenue par une ou des raisons pratiques. Il ne faut pas oublier que les jeunes sont, au début de l'adolescence, en plein milieu de la remise en question des règles et des valeurs de leurs parents. De plus, ces jeunes adolescents se situent beaucoup mieux face à des règles pratiques que face à des principes moraux. Il est triste de constater qu'il y a beaucoup d'adolescents qui se détournent des valeurs spirituelles parce que les adultes ne savent que les bombarder de raisons morales pour justifier leurs règles ou leurs restrictions. Il est plus sage, au cours de ces périodes de rébellion, de défi et même d'hostilité, que les parents avancent des raisons pratiques pour justifier leurs décisions. Cependant, une fois que vous avez donné votre raison, vous n'êtes certainement pas obligé de la défendre comme une thèse de doctorat. Il est rarement utile d'argumenter avec votre adolescent sur la justesse ou la légitimité de votre raison. Aussi longtemps que votre réponse est raisonnable, il est généralement suffisant de la donner avec simplicité. Il n'est pas correct d'être prêt à la discuter car cela ouvre souvent la porte à plus de désaccords et de colère.

Retournons à notre décision au sujet du désir de Carey d'avoir des rendez-vous à l'âge de 12 ans. Nous lui avons dit qu'elle ne pourrait avoir ce genre de sortie tant qu'elle ne serait pas prête — et nous estimions que cela ne serait pas avant quatre ans. Nous nous étions laissés une bonne marge d'erreur. Rappelez-vous qu'il est beaucoup mieux de devenir moins restrictif que d'être obligé de le devenir plus.

Carey, naturellement, posa la question: «Et pourquoi pas?» Nous lui avions alors expliqué que dans ce monde il est extrêmement important de savoir bien fonctionner en groupe et que l'âge où nous apprenons à bien fonctionner en groupe est la jeune adolescence. Nous lui avons aussi dit qu'il y a de nombreux adultes qui n'ont jamais appris à fonctionner en groupe lorsqu'ils avaient de 12 à 14 ans et ils sont, par conséquent, «des infirmes sociaux». Je m'exclamai alors avec emphase: «Parole de père, ma fille à moi, ne sera pas une infirme sociale!» Nous lui avons alors dit que lorsqu'elle aurait appris à bien fonctionner en groupe, nous verrions à décider des autres privilèges sociaux.

Cela marcha pendant environ un an. Puis elle nous approcha à nouveau, pour nous dire qu'elle avait appris à agir au sein d'un groupe. Nous lui répondîmes qu'elle avait, en effet, fait de bons progrès, mais nous lui dîmes qu'être capable de fonctionner dans un groupe, ce n'était pas simplement bien s'entendre avec tout le monde. Cela signifiait aussi offrir au groupe une contribution positive et constructive. Il ne s'agissait pas d'être tout bonnement influencé par le groupe mais aussi et surtout d'avoir une influence sur le groupe. Nous lui fîmes remarquer qu'elle faisait d'excellents progrès mais qu'elle n'était pas encore un chef de file, car les autres enfants avaient plus d'influence sur elle, qu'elle n'en avait sur eux. Je suis heureux de pouvoir maintenant dire que Carey a augmenté ses talents de chef de groupe et qu'elle a appris à avoir une influence chaude, saine, agréable non seulement dans son groupe à l'église mais aussi à l'école et au sein d'autres organisations.

## Protégez votre adolescent

Les parents d'adolescents ont besoin d'être en bons termes avec les parents d'autres adolescents. Ils doivent, pour ainsi dire, pouvoir s'appeler par leur prénom et cela tout particulièrement avec les parents des adolescents qui sont les amis les plus proches de leurs enfants. C'est un atout précieux que de pouvoir partager certaines informations et certains intérêts avec d'autres parents afin de pouvoir travailler de concert avec eux pour entourer et diriger nos jeunes gens.

Je me rappelle plusieurs occasions où Carey fut invitée à un événement social sans qu'on ait la moindre idée de ce que ça pouvait être. Combien nous étions alors reconnaissants de pouvoir téléphoner à différents parents qui avaient le même souci que nous et qui étaient prêts à vérifier si la soirée serait correcte ou pas.

Comment peut-on savoir si un certain événement sera convenable ou pas? Il ne faut pas que les parents hésitent à prendre le téléphone pour se renseigner et poser des questions et cela, peu importe qui organise l'événement. Je suis désolé de dire qu'aujourd'hui de nombreux parents non seulement ferment les yeux aux influences destructrices et immorales qui sont exercées sur la jeunesse mais qu'encore ils les encouragent activement.

Vous ne devriez pas craindre d'appeler le parent ou le responsable qui offre une sortie afin de lui demander quelles sont les activités prévues. Comment faire autrement, si vous désirez contrôler ou protéger un adolescent? Maintenant, lorsque vous téléphonez, soyez attentif à l'attitude ou au ton de la voix de la personne que vous appelez. En général, cela sera beaucoup plus révélateur que ses propres mots. Par exemple, si le parent ou le responsable adulte a l'air réellement heureux et même reconnaissant que vous l'appeliez au sujet de votre adolescent, c'est un bon signe. C'est une chose merveilleuse que d'entendre quelqu'un dire combien il est reconnaissant qu'un parent se soucie suffisamment de son enfant pour chercher à savoir ce qui va se passer. Lorsque je rencontre ce genre de réaction, je remercie Dieu qu'il y ait encore dans ce monde des parents décents, aimants et soucieux d'éduquer leurs enfants correctement.

Toutefois, malheureusement, vous pouvez vous attendre à avoir une réaction différente. Je me rappelle avoir appelé une mère qui donnait une soirée à laquelle Carey, qui avait alors 15 ans, était invitée. Sa réponse à ma démarche fut hostile. Elle me dit: «Cette soirée est privée. Votre fille y est invitée, mais libre à elle d'y venir ou pas. Cela la regarde, mais ce que je fais chez moi, c'est mon affaire.» Une telle réponse me suffit pour me faire comprendre que la maison de cette femme n'était pas un lieu convenable pour une adolescente.

Néanmoins, je la pressai afin d'obtenir des détails. Je lui dis: «D'accord, mais je m'inquiète au sujet de ma fille et je vous serais vraiment reconnaissant si vous pouviez me fournir quelques détails sur votre réunion.» Maintenant, la mère était franchement en colère, mais à force d'insister je réussis à savoir que l'on servirait à ces adolescents des boissons alcoolisées dans une atmosphère sensuelle provocante.

Cela est courant aujourd'hui. Vous ne pouvez vous croiser les bras et supposer que vos adolescents subissent de bonnes influences tout simplement parce que l'on dit que les activités sont «surveillées». Vous devez travailler d'un commun accord avec d'autres parents afin de procurer à vos enfants des activités saines, et à cette fin, il faut que vous puissiez vous renseigner les uns auprès des autres afin de savoir ce qui se passe avec eux. Personne d'autre ne le fera pour vous et il y a aujourd'hui tant d'influences qui ne sont pas celles auxquelles vous voudriez que votre adolescent soit exposé!

## Convenance et confiance

Vous devez, alors que vous cherchez à diriger et à éduquer votre enfant, garder deux choses à l'esprit: Premièrement, vous ne devez strictement accorder des privilèges que sur la base d'une relation de confiance. Deuxièmement, vous devez être sûr que votre adolescent est capable de faire face à une situation donnée avant de lui donner la permission d'y aller.

Ces déclarations peuvent sembler contradictoires. Mais ce n'est pas le cas. Bien des parents ne sont pas au clair sur ce point. Ils peuvent se baser sur leur relation de confiance avec leur enfant pour lui permettre un certain privilège mais ils négligent de vérifier les circonstances et la convenance de l'occasion. Vérifier si une situation est convenable ou non ne signifie *pas* que vous n'avez pas confiance dans votre adolescent. Même si un adolescent est digne de confiance, même s'il est de bonne volonté et a de bonnes intentions, il reste qu'il existe des situations qu'il n'a pas la maturité de maîtriser. Dans ces cas-là, vous devez le protéger.

Un bon exemple de ce genre de problème, est la soirée à laquelle Carey était invitée. Carey était bien digne de confiance et elle avait sincèrement l'intention de se comporter correctement mais à cette époque, elle était trop jeune et trop peu mûre pour faire face à une situation aussi difficile.

Lorsque je dis à Carey qu'elle ne pouvait pas aller à cette soirée, sa réaction naturelle fut: «Et pourquoi pas?» Avec soin, elle me fit remarquer que sa conduite antérieure avait été exemplaire, qu'elle savait se conduire avec circonspection, qu'elle était déterminée à continuer dans cette ligne et que je pouvais lui faire confiance. Je lui répondis qu'elle avait tout à fait raison. J'étais réellement fier d'elle et je savais que je pouvais lui faire confiance. Cependant, je sentais qu'elle n'était pas encore prête ni capable de supporter une situation aussi difficile et une tension aussi forte que lors de cet événement particulier. Je lui fis alors remarquer que moi aussi, bien que mon comportement soit également exemplaire et que je sois très digne de confiance, j'étais aussi une personne normale qui pouvait également être tentée. Je pouvais certainement faire face à la plupart des situations sociales. Pour preuve, je rappelais à Carey que pendant que j'étais dans la marine on exigeait de moi que je surveille ma division de marins lors de leurs heures de liberté passées dans des bars où se pratiquait «le strip-tease». Cependant, même dans une telle situation, je pouvais compter sur certaines contraintes extérieures. J'étais en uniforme d'officier naval et de plus j'étais totalement responsable de la sécurité de mes hommes.

Pourtant, même avec ces épreuves de caractère difficiles derrière moi, je peux, aussi bien que n'importe qui être tenté au-delà de mes forces, si je ne fais pas attention et si je ne contrôle pas avec soin ma vie. Ainsi, pourquoi prendrais-je le risque de ruiner mon intégrité, mon caractère, mon mariage, ma vie spirituelle, le bien-être de mes enfants et ma vie entière? Je dis à Carey que c'était là certaines raisons pour lesquelles je ne fréquentais pas les bars ni les discos. Certes, j'ai confiance en moi, mais je ne possède aucune garantie absolue que je peux résister à n'importe quelle tentation. Je lui racontai aussi l'histoire d'un pasteur bien connu qui un jour, se sentit une vocation spéciale pour les habitués des bars. Je ne fus pas surpris d'apprendre assez vite que son nouveau style de vie l'avait amené à faire de son ministère et de son mariage un sujet de moquerie.

Je pus dire à Carey que j'avais réellement confiance en elle, à cause de sa conduite antérieure mais qu'il y avait certaines situations qu'elle n'était pas encore prête à assumer et qu'il y en avait quel-

103

ques-unes que toute personne bien pensante devait éviter.

## Remettre une réponse à plus tard

Bien, disons que vous accordez à vos enfants des privilèges basés sur la relation de confiance que vous avez avec eux et que vous prenez également en considération la convenance ou la bienséance de chaque situation. Vous leur expliquez vos critères afin qu'ils sachent pourquoi vous prenez telle ou telle décision et qu'ils puissent bien se rendre compte que vous ne cherchez pas à être tout simplement arbitraire. Mais cela, très fréquemment, ne sera pas tout car, même en vous basant sur ces critères, vous aurez de la difficulté à prendre une décision.

Je me rappelle, à ce sujet, une fois où Carey, qui avait alors 15 ans, avait été invitée à passer une journée sur un grand bateau pour se baigner. Le soir, il devait y avoir une fête à bord. Ma femme et moi étions vraiment inquiets au sujet de cette sortie. Les activités du jour semblaient correctes mais l'idée d'une fête le soir nous dérangeait quelque peu et pourtant nous savions que les parents qui devaient surveiller la fête étaient des gens sensés.

Ici, laissez-moi vous donner un petit conseil. Si jamais il vous arrive de vous trouver dans une telle situation et que vous vous sentiez mal à l'aise au sujet d'un évènement prochain auquel votre adolescent veut participer, tout en ne pouvant pas vraiment cerner votre malaise, votre meilleure réponse est de *la remettre à plus tard*.

En général, je dis quelque chose comme cela: «Ouais, voilà une décision difficile à prendre ma chérie. Laisse-moi y penser.» Dans le monde des adolescents, les évènements et les situations changent si rapidement qu'en général, ce genre de problème se résoud tout seul. Je ne peux me rappeler que d'une ou deux fois où le problème ne s'arrangea pas de lui-même. Il y a un autre avantage à ne pas donner une réponse immédiatement, c'est que votre adolescent aura peut-être le temps de réfléchir et de prendre lui-même à ce sujet une décision raisonnable. Ainsi, au sujet de l'invitation de Carey à cette fête sur le bateau, je lui dis: «Laisse-moi y réfléchir.» Carey me répondit: «D'accord, mais dépêche-toi. Je dois recevoir une réponse pour jeudi.»

C'était déjà jeudi soir: À ma grande tristesse la situation ne s'était pas arrangée. La fête était toujours au programme, la météo annonçait un temps splendide et Carey était là me disant sur un ton irrité: «Quelle est ta réponse, papa? Greg doit être mis au courant ce soir.»

J'avais un terrible sentiment au creux de l'estomac car je ne pouvais trouver aucune raison légitime pour dire non à ma fille et en plus, sa conduite avait été jusqu'à présent exemplaire. J'étais sur le point de lui donner la permission d'y aller quand elle me dit: «Euh! soit dit en passant (oh! vous vous rappelez de ces mots critiques?), Greg ne peut pas prendre la voiture de ses parents pour aller à la fête. Nous devons y aller avec son tacot — tu sais celui qui n'a pas de ceintures de sécurité — et il va falloir traverser le pont pendant le trafic de cinq heures.»

Combien je suis heureux d'avoir été attentif à ce que Carey me disait à ce moment, car je lui répondis immédiatement: «Je regrette, mais tu ne peux pas aller à cette fête.»

Carey ne me demanda même pas pourquoi mais elle se dirigea immédiatement vers le téléphone, appela Greg et lui dit: «Je suis désolée mais je ne peux pas aller à cette fête. Mon père me le défend.»

À de nombreuses reprises, un adolescent vous donnera des indices lorsqu'il veut que vous lui disiez «Non» à une question ou à un privilège. Vous devez être très attentif à ces indices car en général, il vous les donne lorsqu'il a besoin de se sortir d'une situation difficile avec laquelle il est aux prises vis-à-vis de ses camarades. Lorsqu'il peut vous utilisez comme une défense ou un alibi dans une telle situation, cela produit entre vous et lui un merveilleux sentiment de camaraderie. Vous devriez permettre à votre adolescent de vous utiliser ainsi. Bien entendu, vous devez aussi veiller à ne pas mentir ou à ne pas permettre à votre adolescent d'être malhonnête dans ce stratagème.

Comme vous pouvez le voir dans l'exemple que je viens de vous donner, Carey sentait d'une manière ou d'une autre qu'elle ne pouvait assumer cette fête sur le bateau à ce moment-là et elle avait besoin d'une porte de sortie. Peut-être était-ce son propre malaise que je ressentais. Je n'en sais vraiment rien. Mais de toute façon, je suis très reconnaissant que Carey ait utilisé notre autorité parentale et qu'elle se soit ainsi mise à l'abri d'une situation qui pouvait être malsaine.

## Regarder en avant

J'ai découvert un autre stratagème que je trouve inestimable lorsqu'on doit faire face au désir d'indépendance de l'adolescent et à ses exigences pour plus de liberté et de privilèges.

Votre adolescent réagira mal, si vous avez, peut-être par crainte, le désir de le garder dépendant envers vous et si vous essayez en fait, d'étouffer sa croissance vers l'indépendance. Si votre adolescent cède à votre attitude, il ne pourra progresser normalement vers l'âge adulte où il doit être responsable et il peut devenir une personne passive et dépendante. Si au contraire, il se butte devant votre surprotection, naturellement sa relation avec vous se détériorera et il en résultera beaucoup de conflits.

Quelles devraient donc être votre attitude et votre philosophie à ce sujet? L'attitude la plus saine est de travailler main dans la main avec votre adolescent dans le but qu'il devienne une personne responsable et indépendante lorsqu'il aura atteint l'âge adulte légal. Si vous faites clairement comprendre à votre adolescent que *ce que vous voulez*, en réalité, c'est son indépendance au moment voulu et si vous agissez en conséquence, il sentira que vous êtes pour lui et non contre lui.

Il est nécessaire de temps en temps, de rappeler à votre adolescent votre association dans ce but précis, tout particulièrement lorsqu'il veut aller dans des endroits que vous ne considérez pas convenables. Par exemple, supposons que votre adolescent veuille aller dans une soirée que vous jugez incorrecte après avoir pris, à ce sujet, des renseignements. Supposons aussi que vous avez bien rempli votre devoir en restant disponible et en gardant son réservoir émotif plein. Vous avez, aussi, bien utilisé votre relation de confiance lorsqu'il fallait déterminer quels privilèges devaient être accordés. Vous avez aussi employé la technique de la réponse remise à plus tard et malgré tout cela le problème ne s'est pas résolu. Vous en êtes au point où il faut dire «non» et votre adolescent ne veut pas ou ne peut pas accepter votre réponse.

Voilà le moment d'utiliser cette nouvelle stratégie que je vous ai annoncée plus haut. Elle est très efficace pour aider un adolescent à acquérir de la perspective et à comprendre que ses parents travaillent en sa faveur et qu'ils n'essaient pas de l'empêcher de devenir indépendant. Selon mon expérience, cette période difficile semble arriver le plus fréquemment lorsqu'un adolescent a environ 16 ans. En général, il vient tout juste de recevoir son permis de conduire et cela encourage son désir de nouvelles expériences. L'énergie et la détermination que vous mettrez dans l'usage de cette stratégie dépendront naturellement de la situation spécifique.

Je me souviens avoir conseillé les parents d'un garçon de 16 ans qui était absolument décidé à aller à un concert qui serait ouvertement malsain. Jusqu'à ce moment-là, les parents avaient pu assez bien diriger sa conduite ainsi que son développement social en utilisant leur relation de confiance et les techniques de la remise à plus tard de leurs réponses. Mais cette occasion était différente. Les parents en étaient presque arrivés au point de dire «oui». Naturellement, cela aurait été une erreur. Nous devons nous rappeler qu'un adolescent a besoin que ses parents soient et restent maîtres à bord en tout temps. Les parents peuvent toujours changer d'idée pour une bonne raison mais jamais ils ne doivent capituler devant l'insistance de leur adolescent.

Je conseillai à ces bons parents de rester agréables mais fermes dans cette situation et d'expliquer à leur adolescent que leur désir était qu'il devienne indépendant et capable de prendre ses propres décisions aussitôt qu'il le pourrait. Il avait alors 16½ ans. Ces parents pouvaient dire à leur fils Randy, qu'il ne leur restait plus que 18 mois (il est important de donner à dessein cette période de temps en mois, pour que cela paraisse plus court) pour faire de lui une personne entièrement indépendante. Ils pouvaient aussi lui dire que dans seulement 18 mois, Randy serait légalement un adulte et qu'après cette date il pourrait (noter bien: il faut dire *pourrait* et non *devrait*. Ne vous mettez pas au pied du mur!) s'occuper de ses affaires lui-même: gagner son pain, se trouver un logement, faire son lavage, sa cuisine, etc...

Si ces faits ne suffisent pas pour donner à votre adolescent une perspective saine (mais cela marche dans la majorité des cas) et s'il reste buté, vous pouvez aller plus loin et lui dire qu'après ses 18 ans, vous n'avez plus de responsabilité légale à son égard. Vous avez donc l'intention de faire dans ces derniers 18 mois tout ce qui est en votre pouvoir en tant que parents pour le préparer à la vie d'adulte, car après cela votre responsabilité légale cesse. Là encore, faites-bien attention d'employer le mot «légale» et pas un autre, afin de ne pas être obligé de regretter vos mots plus tard. Il est évident que les parents, une fois que leur enfant a 18 ans, ont toujours des responsabilités à son égard mais elles sont d'un autre ordre.

Cette stratégie est une chose plutôt dure à faire subir à un adolescent et elle ne devrait être utilisée qu'en dernier ressort, dans une situation difficile. Il faut qu'en tout temps les adolescents comprennent clairement que l'intention globale de leurs parents est de les préparer à une indépendance responsable, à devenir des adultes et non à les retenir dans l'enfance.

Vous pouvez confirmer votre intention de plusieurs manières. Par exemple, vous pouvez ouvrir à votre adolescent son propre compte de chèques, y faire des dépôts mensuels et lui enseigner à être responsable de certaines dépenses. C'est un excellent moyen de développer entre vous et votre adolescent une attitude de coopération en vue de son indépendance. Au début, il ne devrait être responsable que de l'achat de quelques menus objets. Au fur et à mesure qu'il apprend à assumer plus de responsabilités, vous pourrez le charger, toujours d'une façon graduelle, de nouveaux achats et ce, toujours dans le but qu'il soit, à 18 ans, capable d'assumer complètement ses responsabilités financières.

Vous pouvez également manifester à votre adolescent votre désir de travailler avec lui en vue de son indépendance, en parlant avec lui, pendant vos moments de bonne communication, de son avenir, de ce qu'il veut faire après l'école secondaire, de la vocation qu'il désire embrasser, s'il est bon ou non pour lui d'aller au collège et si oui, lequel il devrait choisir. Choisir avec votre adolescent le collège qu'il désirerait fréquenter est un moyen très efficace de promouvoir entre vous un sentiment de coopération. Vous pouvez aussi accomplir une telle coopération en ouvrant à votre adolescent de nouveaux horizons. Vous pouvez l'initier à un nouveau sport ou à un nouveau passe-temps.

## Faut-il placer des limites?

Les parents se demandent souvent quel genre de punition ils doivent infliger à un adolescent qui se conduit mal. Les adolescents, comme tous les enfants, ont un sens aigu de la justice. Ils savent très bien reconnaître si leurs parents sont trop indulgents ou s'ils sont trop durs ou trop exigeants. Je connais des parents qui se trouvent aux deux extrémités du spectre. Il y en a qui ont énormément de difficultés à imposer des limites fermes et qui sont facilement manipulés par leurs adolescents et il y en a d'autres qui prennent la tactique opposée et qui imposent une discipline sévère. Je connais une adolescente qui fut confinée à la maison pendant plus d'un an parce qu'elle était allée dans un bar. Allons! Il faut que les parents se rappellent que la punition doit être proportionnée au crime. Il faut que le bon sens règne! Une mauvaise conduite mineure, comme être en retard de 15 minutes après une sortie en tête-à-tête, nécessite des restrictions de moins d'une semaine. Si elle se répète, la restriction doit être allongée. Il est rarement nécessaire d'imposer des restrictions de plus de deux semaines et une restriction de quatre semaines est l'extrême limite. Si les restrictions sont fréquentes, tout particulièrement celles de plus d'une semaine, il y a quelque chose qui ne va pas, soit dans les exigences des parents envers leurs enfants, soit dans la relation parent-enfant, soit dans d'autres domaines que nous discuterons plus loin.

Par-dessus tout, rappelez-vous que des adolescents bien-aimés sont beaucoup plus faciles à discipliner et à diriger que ceux qui ne sont pas autant aimés. Nous avons, nous les parents, la responsabilité de garder leur réservoir affectif plein.

## La courtoisie des parents

Il y a un autre point qu'il faut prendre en considération: Il est très important que les parents soient pleins d'égards et agréables envers les camarades de leurs adolescents. Ils devraient être cordiaux, peu importe les sentiments qu'ils nourrissent envers eux. Il y a de nombreux problèmes inutiles qui s'élèvent et qui ne sont que le résultat direct de l'hostilité des parents envers les copains de leurs enfants. N'oubliez pas qu'en tant que parent, vous faites figure d'autorité et que, peu importe la situation, la majorité des adolescents cherchera toujours à plaindre et à prendre la part d'un camarade maltraité par un parent.

Un des plus tragiques exemples de ce genre de problèmes est arrivé dans la famille Dempsey. Jane sortait avec un garçon qui bouleversait ses parents. Il était beaucoup plus vieux qu'elle et il était reconnu comme un trafiquant de drogues. Il était également hargneux et irrespectueux envers l'autorité.

À cause de plusieurs facteurs, et l'un des plus grands était l'extrême hostilité de ses parents envers lui, Jane s'attacha de plus en plus à ce garçon. Naturellement, cela fit souffrir ses parents.

Il est définitivement avantageux d'être poli envers n'importe qui, y compris les camarades de vos adolescents. Tout d'abord, votre adolescent saura l'apprécier et il se sentira libre d'amener à la maison d'autres adolescents. Ensuite, les adolescents ont souvent de la difficulté à communiquer avec leurs parents et ils cherchent alors d'autres adultes avec lesquels ils pourraient discuter. C'est un merveilleux privilège d'être l'ami des amis de votre adolescent. Non seulement vous pouvez ainsi les aider mais cela permet également à votre adolescent de se rapprocher de vous. Finalement, lorsque vous savez traiter avec courtoisie des camarades «mal famés», vous évitez de pousser plus encore votre adolescent vers eux comme ce fut le cas des Dempsey.

En fait, le résultat normal de cette attitude, est que votre adolescent sera enclin à vous poser des questions au sujet de ses camarades et à rechercher votre opinion. Plus, il l'écoutera. Mais si vous êtes hostile à leur égard, il évitera de discuter de ce problème avec vous et en retour, vous aurez moins d'influence sur lui.

## Des situations anormales

Ce que nous avons dit jusqu'à présent s'applique à des situations normales. Cependant, certains parents font face à des problèmes anormaux. Lorsqu'un adolescent, en dépit d'un amour inconditionnel et des appels à la raison de la part de ses parents, présente constamment des problèmes de discipline, il est de toute évidence qu'il souffre de problèmes graves et qu'il a besoin d'une aide extérieure.

Il y a plusieurs problèmes de comportement chez les adolescents que les parents peuvent ne pas être en mesure de régler. Un de ces problèmes est la dépression qui peut être complexe et sournoise au cours de l'adolescence. Les troubles de la pensée ou la difficulté à contrôler ses propres pensées sont également un problème qui se rencontre de plus en plus fréquemment. Les désordres neurologiques avec les difficultés affectives qui en découlent exigent aussi de l'aide professionnelle.

Il faut que le médecin soit conscient de la possibilité de l'existence de troubles caractériels dont un des signes est l'incapacité que peut avoir l'adolescent à maîtriser sa colère. Le comportement d'un adolescent peut aussi être difficile à diriger à cause de problèmes dans les relations ou l'évolution familiales. En fait, les troubles de comportement d'un adolescent peuvent être aggravés par n'importe quelle combinaison de ces facteurs. Étant donné que les troubles de comportement chez l'adolescent sont de plus en plus communs et de plus en plus complexes, un parent sage recherchera rapidement de l'aide avant qu'ils ne deviennent graves. La majorité de ces problèmes peuvent être traités efficacement par des thérapeutes compétents et bien formés qui travaillent en coopération avec les parents.

# 9

# La dépression juvénile

La dépression juvénile est un phénomène complexe, subtil et dangereux. Il est complexe à cause du nombre et des complications de ses causes et effets. Il est subtil car, jusqu'à ce qu'une tragédie survienne, il passe inaperçu de tous et même de l'adolescent lui-même. Il est dangereux car la dépression peut déboucher sur le pire, allant des échecs scolaires au suicide.

Je rencontre de nombreux adolescents qui ont essayé de se faire du mal ou de se tuer. Très souvent, leurs parents et leurs amis sont abasourdis et pétrifiés et ils ne peuvent croire à leur geste. Ces personnes affligées croyaient que tout allait bien avec leurs adolescents et n'imaginaient pas qu'ils pouvaient être si malheureux.

La dépression juvénile est difficile à identifier car ses symptômes sont différents des symptômes classiques de la dépression des adultes. Par exemple, un adolescent en légère dépression, parle et agit normalement. Il n'offre aucun signe extérieur de dépression mais cette dépression légère va se manifester dans des fantaisies, des rêvasseries le jour ou

113

des rêves la nuit. Elle ne peut cependant être détectée que si l'on connaît le schéma mental de l'enfant et son contenu. Il existe peu de professionnels qui peuvent, à ce stade précoce, soupçonner la dépression.

Lorsqu'il se trouve dans une dépression modérée, là encore, l'adolescent va agir et parler normalement. Cependant, à ce stade, le contenu de ses conversations est affecté et l'adolescent va s'attarder principalement sur des sujets déprimants comme la mort, des problèmes morbides et les crises économiques et mondiales. Mais malgré cela, comme de nombreux adultes semblent s'attarder sur un cours de pensées pessimistes, la dépression de l'adolescent peut encore passer inaperçue.

Il y a quelque temps, une mère anxieuse m'appela au sujet de son fils de 14 ans. Elle ne savait pas au juste s'il avait besoin d'aide ou non. Cette mère aimante me dit que son fils agissait normalement, il avait l'air normal et il parlait normalement. En fait tout semblait correct à l'exception d'une chose : chaque soir, après avoir regardé les nouvelles à la télévision, il disait une phrase semblable : « Les choses se gâtent tellement dans le monde que je me demande s'il ne vaudrait pas mieux être mort. » Je diagnostiquai chez ce brave garçon une dépression modérée.

Là encore, chez un adulte, une telle dépression peut être plutôt paralysante. Elle peut entraîner de graves troubles du sommeil et de l'appétit ainsi qu'une inaptitude à accomplir diverses tâches : être parent, assumer son métier, etc... Cette forme modérée de dépression peut avoir de graves complications, dont le suicide.

La dépression juvénile modérée est aussi profonde et grave que la dépression modérée des adultes. Biochimiquement et neurohormonalement, elles sont essentiellement identiques. Mais vous pouvez déjà entrevoir combien leurs manifestations ou leurs symptômes sont différents. Un adulte qui est modérément déprimé a l'air horrible, il se sent misérable et il est sérieusement entravé dans sa capacité de fonctionner. Pour l'adolescent, il n'en est pas de même. Dans la très grande majorité des cas, ce n'est que lorsqu'il est dans une dépression sérieuse ou grave que l'adolescent a réellement l'air déprimé. Lorsque nous pouvons nous exclamer: « Oh! là! là! que cet enfant a l'air abattu », nous devrions prendre pour acquis que cet adolescent est profondément déprimé et probablement suicidaire.

Il existe cependant des exceptions à cette règle. La dépression juvénile est également difficile à identifier car les adolescents savent très bien la « maquiller », c'est-à-dire qu'ils arrivent à la dissimuler au point où ils peuvent avoir l'air tout à fait bien même lorsqu'ils se sentent absolument misérables. On appelle souvent cet état de fait *la dépression souriante*. Les adolescents emploient cette façade inconsciemment pour camoufler leur dépression tout particulièrement lorsqu'ils se trouvent en compagnie d'autres personnes. Ce n'est que lorsqu'ils sont seuls qu'ils arrivent quelque peu à laisser tomber leur masque.

Ceci est une indication utile pour les parents. Si nous pouvons regarder nos adolescents à des moments où ils pensent que personne ne les regarde, nous serons peut-être en mesure de déceler leur dépression. C'est une chose surprenante que d'observer la transformation de leur visage. Seuls, ils ont l'air affreusement tristes et malheureux, mais aussitôt qu'ils pensent que quelqu'un les observe, ils remettent immédiatement leur masque souriant comme si de rien n'était. Voilà une façon, bien qu'elle ne soit pas la meilleure, d'identifier la dépression.

## Découvrir la dépression

Ainsi donc, comment pouvons-nous avec justesse découvrir la dépression chez nos adolescents et cela dans le but de prévenir son aggravation? Il est clair qu'il est impérieux de pouvoir le faire tôt car la dépression fait de réels ravages chez nos enfants. Un adolescent en dépression est très sensible aux pressions malsaines de ses camarades et il est susceptible de devenir la victime des drogues, de l'alcool, d'activités criminelles, d'expériences sexuelles déplacées ainsi que d'autres comportements antisociaux, le suicide y compris.

La meilleure façon de déterminer si un adolescent est en dépression est de connaître les divers symptômes qui se manifestent dans cet état et de savoir comment ils se développent. Il est très important de comprendre d'une manière détaillée toute la constellation de ces symptômes, car un ou deux symptômes isolés peuvent ou ne peuvent pas signifier d'une façon absolue la présence d'une véritable dépression. La véritable dépression est un processus biochimique et neurohormonal qui, chez les adolescents, se développe en général lentement, sur une période de quelques semaines ou de quelques mois.

Considérons-en les symptômes :

*1. Diminution de la capacité de concentration.* Dans une dépression juvénile légère, en général, le premier symptôme qui peut être cerné est une diminution de la capacité à fixer son attention. L'adolescent n'est plus capable d'arrêter son esprit sur un sujet, aussi longtemps qu'auparavant. Il s'égare loin de ce sur quoi il veut se concentrer et il devient de plus en plus facile de le distraire. Il se met à rêvasser de plus en plus. Cette diminution de son temps d'attention devient évidente lorsque l'adolescent essaie de faire ses devoirs. Il trouve qu'il lui est de plus en plus difficile de garder son esprit fixé sur son sujet. Pire, il lui semble que plus il essaie, moins il réussit. Naturellement, cet état de fait le conduit à la frustration car l'adolescent se blâmera d'être « stupide » ou « imbécile ». Il présume qu'il n'a pas la capacité intellectuelle de faire son travail. Vous pouvez imaginer ce que cela fait à son estime personnelle.

*2. Les rêvasseries.* La diminution de sa capacité de se concentrer affecte l'adolescent dans la salle de classe. Au début, il peut être capable de fixer son attention pour la plus grande partie du cours et il ne rêvasse que pendant les dernières minutes. Mais alors que la dépression s'accentue et que son temps d'attention diminue, il prête de moins en moins attention et il rêvasse de plus en plus. À ce point, c'est le professeur qui est le plus en mesure d'identifier la dépression. Malheureusement, les rêvasseries sont le plus souvent prises pour de la paresse ou de la mauvaise volonté. Cependant, j'insiste là-dessus, un ou deux symptômes isolés, tels que les rêvasseries et la diminution du temps d'attention, ne permettent pas à eux seuls de poser le diagnostic d'une véritable dépression juvénile. Pour le faire, il faut pouvoir constater le développement graduel d'une constellation de symptômes.

*3. Les mauvaises notes.* Alors que le temps d'attention de l'adolescent diminue et que ses rêvasseries augmentent, le résultat naturel n'est pas long à venir: Il a de moins bonnes notes. Encore une fois, malheureusement, cet abaissement de la moyenne des notes est généralement tellement graduel qu'il est difficile à remarquer. C'est pour cela qu'on le relie rarement à la dépression. En fait, l'adolescent, les parents et le professeur prennent en général pour acquis que le travail est trop difficile pour l'adolescent ou que maintenant il s'intéresse plutôt à d'autres choses. Il serait bien utile que les notes fassent une plongée bien marquée, de A à D, par exemple, en un seul trimestre. Cela soulèverait une inquiétude justifiée. Cependant, les notes en général passent d'un A à un A −, d'un B + à un B. Dans cette dégringolade, la dépression est rarement prise en considération.

*4. L'ennui.* Alors que l'adolescent rêvasse de plus en plus, il tombe graduellement dans un état d'ennui. L'ennui est normal chez les adolescents et tout particulièrement au tout début de l'adolescence, mais seulement pour de courtes périodes de temps. L'ennui normal peut fréquemment durer une heure ou deux, parfois une soirée ou une journée entière et occasionnellement même deux jours. Mais l'ennui prolongé pendant plusieurs jours ou plus, n'est pas normal et devrait constituer un avertissement: Quelque chose ne va pas. Il y a peu de choses qui m'inquiètent autant que l'ennui prolongé chez un adolescent et particulièrement chez un jeune adolescent. L'ennui se manifeste ainsi: Il veut rester seul dans sa chambre pour des périodes de plus en plus longues et il passe ce temps couché sur son lit, rêvassant et écoutant de la musique. L'adolescent qui s'ennuie perd tout intérêt dans des choses qui auparavant lui plaisaient comme par exemple les sports, les vêtements, les voitures, ses passe-temps favoris, les clubs, les activités sociales et religieuses, les sorties en tête-à-tête.

5. *La dépression somatique.* Alors que l'ennui se prolonge et devient plus profond, l'adolescent glisse dans une dépression modérée. À ce moment, il se met à souffrir de ce que j'appelle *la dépression somatique.* J'utilise ce terme parce que même si toute dépression est physiologique ou qu'elle a une base biochimique et neurohormonale, à ce point, les symptômes commencent à affecter physiquement l'enfant d'une manière directe. Par exemple, dans une dépression modérée, l'adolescent commence à ressentir de la douleur physique. Cette douleur peut survenir en de nombreux endroits du corps mais elle se manifeste le plus souvent dans la région en bas du milieu de la poitrine ou sous la forme de maux de tête.

6. *Le repliement sur soi.* Lorsque l'adolescent se retrouve dans cet état lamentable, il peut s'éloigner de ses camarades et pour aggraver sa situation, il ne se contente pas d'éviter ses camarades mais il coupe les liens avec eux d'une manière tellement hostile, belliqueuse et désagréable qu'il les chasse loin de lui. L'adolescent se retrouve très seul et comme il s'est si complètement opposé à ses bons amis,

il se retrouve avec des copains plutôt mal famés qui font usage de drogues et/ou sont fréquemment dans de mauvais draps. La situation devient alarmante.

Une fois que l'ennui s'est installé, de nombreuses choses peuvent survenir. La souffrance physique et mentale peut être, à ce point, atroce et par moment insupportable. Un adolescent dans cet état ne peut pas supporter sa misère indéfiniment. En fin de compte, il est tellement désespéré qu'il va chercher à faire quelque chose pour sa misère. Le plus étonnant dans tout cela, c'est que même à cette limite, l'adolescent est à peine conscient de se trouver en dépression. La capacité qu'a l'adolescent de se retrancher derrière la négation de son état est vraiment incroyable. C'est pourquoi la dépression est rarement soupçonnée jusqu'à ce que la tragédie survienne.

## Extérioriser sa dépression

Lorsque cela fait un certain temps qu'un adolescent souffre d'une dépression qui, de modérée est devenue grave, il en arrive au point où il ne peut plus le supporter. Il va maintenant chercher à agir pour tenter de soulager sa misère et sa détresse. Nous nommons cette action qui est le résultat de sa dépression, «l'extériorisation de la dépression.» Il existe plusieurs moyens par lesquels un adolescent cherche à extérioriser sa dépression.

Les garçons ont tendance à être plus violents que les filles. Ils peuvent chercher à soulager les symptômes de leur dépression en volant, en mentant, en se battant, en conduisant vite ou à travers d'autres types de conduite antisociale. Un des comportements criminels les plus courants que l'on rencontre aujourd'hui parmi les garçons est le *bris et l'effraction*. Faire quelque chose qui a un air palpitant et risqué semble soulager quelque peu la douleur de la dépression et pénétrer par effraction dans une maison donne cette sensation-là. C'est pourquoi les garçons ont couramment recours à ce genre d'activité.

Bien sûr, il y a également d'autres raisons pour lesquelles les garçons pénètrent par effraction dans les maisons. Mais lorsque l'on m'envoie un adolescent pour effraction et bris, un de mes premiers soucis est de déterminer jusqu'à quel point la dépression a joué un rôle dans sa conduite. Cela est crucial. Il faut bien comprendre qu'en général, un adolescent en dépression ne répond pas adéquatement à l'aide reçue tant que sa dépression n'est pas corrigée. Je crois que d'ignorer cette réalité, la dépression, chez les jeunes, est de la négligence pure. Il est triste de constater que la majorité des services qui s'occupent d'adolescents se cantonnent dans l'évaluation du comportement et ignorent le facteur dépression dans le problème de l'enfant.

Les filles ont tendance à extérioriser leur dépression de façon moins violente. Cependant, à cause des exemples malsains et orientés vers la violence que fournissent les médias d'information, cette tendance est en train de se modifier. Fréquemment, les filles extériorisent leur dépression par *la promiscuité sexuelle*. La douleur de leur dépression semble diminuer au cours du contact physique étroit de la relation sexuelle. Cependant, lorsque la relation est terminée, ces malheureuses filles se sentent pires qu'avant, encore plus déprimées et en plus, elles ressentent la souffrance de l'avilissement qui s'ajoute à leur problème. La toile de fond de la promiscuité chez une fille se compose presque toujours d'une piètre estime de soi et de la dépression. Il est étonnant de voir combien on peut aider une fille aux prises avec ce problème lorsque l'on s'occupe de corriger sa dépression. Cependant, il est presque certain que l'on ne pourra pas faire grand chose, si on la néglige.

Un adolescent déprimé peut aussi chercher à extérioriser sa dépression en prenant *des drogues*. La marijuana et la dépression sont de très dangereuses combinaisons car, c'est vrai, la marijuana amène un adolescent abattu à se sentir mieux. La marijuana n'est pas un anti-dépressif, mais elle bloque plutôt la douleur de la dépression. C'est triste à dire, mais l'adolescent ne se sent mieux que parce qu'il ne souffre plus autant. Évidemment, lorsque la marijuana est éliminée de son système, la douleur de la dépression revient. Alors pour obtenir le même degré de soulagement, l'adolescent doit augmenter la dose. C'est ainsi que couramment les adolescents s'habituent à la marijuana et deviennent des «habitués du pot.» D'autres drogues peuvent affecter un adolescent déprimé de la même manière. Ainsi, encore une fois de toute évidence, lorsqu'on cherche à aider un adolescent qui se drogue, il faut déterminer quel est le rôle que la dépression joue dans son usage de la drogue. Je suis également véritablement alarmé de voir combien la dépression est ignorée ou niée par de nombreux professionnels et services qui sont impliqués dans le traitement des problèmes de la drogue chez les adolescents.

Une autre façon par laquelle un adolescent va chercher à extérioriser sa dépression c'est en essayant de *se suicider.* Il arrive parfois que sa tentative soit un geste que l'adolescent pose non pour mourir mais pour attirer l'attention. À d'autres moments, il cherche véritablement la mort. Les filles font beaucoup plus de tentatives de suicide que les garçons mais les garçons réussissent plus souvent à se tuer. Les filles en général, utilisent des moyens moins violents comme les pilules alors que les garçons utilisent des moyens plus violents, comme les fusils. Naturellement, cela permet de sauver plus facilement les filles. Malgré cela j'ai vu beaucoup de filles arriver à un cheveu de la mort ou même mourir. Quelle tragédie!

## Les remèdes pour une légère dépression

Que pouvons-nous faire pour aider nos adolescents en dépression? Tout d'abord, nous devons identifier la dépression à ses débuts afin de prévenir la tragédie. Pour cela, il faut arriver à se familiariser avec les symptômes de la dépression juvénile. Les parents, les enseignants, les conseillers scolaires et tous ceux qui travaillent avec des adolescents ont particulièrement besoin de cette connaissance. Il est encourageant de savoir que lorsqu'une dépression est identifiée à ses débuts c'est-à-dire, alors qu'elle est encore légère, il est relativement simple d'en arrêter les progrès insidieux et de les soulager.

Bien que la majorité des dépressions juvéniles soient complexes dans leurs causes sous-jacentes, il existe souvent un facteur ou un évènement spécifique qui finalement submerge l'enfant et déclenche la constellation des symptômes. On peut évoquer un décès ou une maladie, le départ d'une personne importante pour l'adolescent, une déception tel un divorce ou un conflit entre les parents, un déménagement dans un endroit qui ne lui plaît pas. Dans de telles situations, l'adolescent se sent seul, abandonné et sans amour. Ainsi, avant toute chose, il est crucial que nous lui démontrions que nous nous soucions de lui et que nous l'aimons. Nous pouvons y arriver en passant avec lui suffisamment de temps pour que ses défenses psychologiques tombent et qu'il soit capable de communiquer d'une façon significative avec nous. Ce n'est qu'alors que le don de notre amour par le contact visuel, le contact physique et l'attention concentrée aura un sens pour lui.

Si le problème est un conflit qui surgit au sein de la famille, comme un divorce par exemple, l'adolescent a besoin d'aide pour résoudre ses propres sentiments à ce sujet. Il a tout particulièrement besoin de comprendre que ce divorce n'est pas de sa faute, qu'il ne pouvait rien faire pour l'empêcher.

Les adolescents sont extrêmement sensibles aux problèmes qui surgissent entre leurs parents. Il est triste de constater que la majorité des gens croit que lorsqu'un adolescent a terminé l'école secondaire et qu'il a quitté le foyer, il n'est plus vraiment touché par ce qui se passe entre ses parents. Cela est complètement faux.

Je me rappelle notre première visite à ma fille après son départ pour le collège. Nous sommes allés la voir un soir, avec une vingtaine de ses amis, pour faire un goûter. Tous les amis de Carey étaient de jeunes collégiens qui se trouvaient pour la première fois loin du foyer. Chacun d'eux affirmait combien il aimait l'école, ses nouveaux amis et la vie collégiale mais tous exprimaient aussi leur détresse d'avoir si peu de communications avec leurs parents: Ils recevaient peu d'appels téléphoniques, peu de lettres, peu de visites.

La plupart des parents ne savent tout simplement pas combien cette période de la vie d'un jeune est traumatisante et combien il est important de continuer à lui assurer «une base domestique» solide et stable. Le pire temps que des parents peuvent choisir pour divorcer se situe aux environs de cette période où l'adolescent quitte la maison. Pour n'importe qui, quitter le foyer, et tout particulièrement, pour la première fois, est un événement des plus troublants. C'est probablement l'événement qui provoque le plus d'anxiété et qui est la plus grande source d'insécurité de la vie d'un adolescent car jusque là, sa principale source de sécurité, de stabilité se trouve être ses parents et son foyer. Il n'est pas difficile alors de comprendre combien il peut être grave pour des parents de divorcer juste après le départ de leur enfant pour aller au collège, par exemple. Les gens doivent être inconscients car le nombre de parents qui divorcent précisément à cette époque est élevé. Or, cela affecte profondément l'échelle des valeurs de l'adolescent et mine sa foi dans le caractère sacré du mariage. Cela lui laisse peu de chance de résoudre ses sentiments de frustration, de colère, d'anxiété, de rejet et de peur à l'égard de ses parents avant qu'il n'envisage lui-même le mariage. Cela est grave car certains de ces conflits intérieurs non résolus peuvent affecter son propre mariage et être une cause de conflit avec son conjoint.

# La dépression modérée et la dépression grave

Lorsque la dépression s'installe en profondeur chez un adolescent, il survient une complication sérieuse: ses processus de pensée sont peu à peu affectés. Au cours d'une dépression modérée ou sévère, l'adolescent perd graduellement sa capacité de penser clairement, logiquement et rationnellement. Son jugement se détériore et il perd la capacité de maintenir une saine perspective. Il se concentre de plus en plus sur des détails morbides et déprimants. Ses perceptions de la réalité se déforment et tout particulièrement lorsqu'il s'agit de percevoir ce que les autres pensent à son sujet. Il présume de plus en plus que tout est morne, que rien n'est valable et que la vie ne vaut pas la peine d'être vécue.

L'adolescent est maintenant aux prises avec un désordre de la pensée et au fur et à mesure qu'il perd de plus en plus sa capacité de penser et de communiquer d'une façon précise et rationnelle, toute aide en vue de le conseiller devient de moins en moins efficace. Voilà une situation effrayante. Comment voulez-vous aider par vos conseils un adolescent lorsque vous ne pouvez pas raisonner avec lui? Une telle situation exige une aide médicale car c'est à ce moment, lorsqu'il perd sa capacité d'être rationnel, raisonnable et logique qu'un adolescent commence à extérioriser sa dépression d'une façon auto-destructive.

Vous ne pouvez considérer la dépression juvénile comme un problème qui disparaîtra de lui-même car cette affliction insidieuse tend à s'aggraver jusqu'à ce qu'elle soit identifiée et traitée.

## La dépression et les drogues

Comme nous l'avons déjà dit, un adolescent en dépression est prédisposé à l'usage des drogues et cela pour deux raisons. Premièrement, de nombreuses drogues et tout particulièrement la marijuana, bloquent ou amortissent la douleur de la dépression et deuxièmement, de nombreuses soi-disant autorités affirment aujourd'hui que les drogues ne sont pas nocives. On entend couramment certains professionnels et même certains services dire aux jeunes qu'il n'est pas mauvais d'utiliser la marijuana aussi longtemps qu'on ne touche pas à l'alcool. Leur publicité est efficace car il est étonnant de voir combien d'adolescents et d'adultes croient réellement que la marijuana est inoffensive. Or, chaque jour, je peux, et je ne suis pas le seul, constater les effets de cette drogue subtilement dangereuse.

Il n'y a pas longtemps, nous avons admis à l'hôpital un garçon de 15 ans pour usage de drogues, dépression grave et désordres du comportement. Naturellement, nous avions déjà une évaluation initiale de ce cas basée sur les examens du médecin et les tests de sang et nous pouvions constater que cet enfant était profondément anémique. Son corps avait graduellement perdu sa capacité de fabriquer du sang à cause de l'abus des drogues. Avant de pouvoir entreprendre un traitement pour ses problèmes psychologiques, nous avons dû le transférer à un centre universitaire médical pour qu'il y subisse une transplantation de la moëlle épinière. Mais le pronostic était très mauvais.

Tout cela nous ramène à insister à nouveau sur l'obligation absolue qu'ont les parents de surveiller la liberté d'un adolescent en ne lui accordant que des privilèges et des permissions basées sur la confiance qu'ils ont en lui et sur la loyauté qu'il leur démontre ainsi que sur la bienséance de l'activité. Et sachez-le bien, si votre adolescent ressent réellement votre amour et vos soins à son égard, selon toute vraisemblance, il acceptera les conseils que vous lui donnerez pour sa sécurité. Vous devez donc garder son réservoir affectif toujours plein. Ce n'est que dans ces conditions que vous serez capable d'aider votre enfant à résister aux pressions de ses copains qui veulent l'entraîner à l'usage des drogues et à éviter ainsi leurs fâcheuses conséquences. Vous devez constamment insister auprès de votre adolescent pour qu'il ne boive ou ne mange quoi que ce soit avant de s'être bien assuré que personne n'y avait glissé une drogue. Au cours d'une réunion douteuse, c'est faire preuve de bon sens que d'éviter les bols à punch découverts ainsi que de refuser toute nourriture ou boisson offerte par quelqu'un que l'on ne connaît pas bien. Cela peut avoir l'air excessivement méfiant, mais j'ai personnellement pu constaté combien une seule prise de drogue peut faire du tort au cerveau en plein développement d'un adolescent.

L'aspect le plus terrifiant des drogues est la façon qu'elles ont d'affecter les processus de pensée d'un adolescent. J'ai vu un grand nombre d'adolescents qui, après seulement une dose unique de drogue, ne pouvaient plus penser dans un ordre naturel ou avec logique. Ce dérangement des processus de la pensée est souvent si subtil que personne ne peut le détecter mais ses effets sont dévastateurs: La capacité qu'a l'adolescent d'avoir des relations positives avec les gens se détériore; il se met à avoir des idées fausses et souvent bizarres au sujet des gens, des valeurs, des autorités, de la société et de lui-même; il interprète faussement les gens et leurs mobiles. Pire que tout, il ne peut pas penser clairement, il a des idées confuses et il est facilement entraîné par des groupes de camarades, des cultes et autres personnes qui ne cherchent qu'à l'exploiter.

Qu'y a-t-il de plus effrayant que des gens qui ne peuvent pas penser avec précision et qui ont des idées faussées, des opinions faussées et des valeurs faussées? Êtes-vous prêt à tout faire, à faire tout ce qui est en votre pouvoir pour que votre adolescent traverse l'adolescence sans que ses atouts intellectuels, sociaux et psychologiques ne soient endommagés ou détruits? Si oui, alors aimez votre adolescent, ayez de lui un soin jaloux et surveillez-le d'une manière convenable. La tâche est et sera difficile mais la récompense en vaut l'effort. Voir un adolescent devenir un adulte mûr, sensible, indépendant et au raisonnement solide est une des plus grandes récompenses que peut nous offrir la vie.

# 10

# La formation intellectuelle de l'adolescent

Si vous désirez préparer vos adolescents pour qu'ils aient un avenir dans notre monde irrationnel, il est nécessaire que vous leur appreniez à penser avec clarté et cela pour deux raisons fondamentales. Premièrement, une personne ne peut pas avoir une foi solide, logique et durable ou un système de valeurs morales, si elle n'est pas capable de penser clairement. La foi qui nous permet de trouver un sens à la vie, une foi solide et permanente ne peut pas être une foi aveugle. Elle doit être basée sur une raison saine et logique. Elle doit être compatible avec la réalité et elle doit fournir des réponses raisonnables aux problèmes les plus profonds de la vie.

Deuxièmement, il est important que vous enseigniez à vos jeunes gens à penser clairement car malheureusement, il est facile et courant de prendre des décisions ou de poser des actes qui ne sont pas le résultat d'une réflexion soignée et logique mais plutôt de fantaisies irrationnelles et impulsives.

Un bon exemple de cet état de fait a été la prise de l'Ambassade des États-Unis en Iran en 1979.

Peu importe l'interprétation que vous donnez aux causes de ce siège, cet acte n'était pas *rationnel.* La seule façon de le comprendre est d'imaginer la fureur émotionnelle qui en constituait l'arrière-plan. Alors que la capture iranienne des otages peut sembler être un incident isolé, la façon de penser qui contrôlait toute cette situation est beaucoup plus courante que nous ne voulons bien l'admettre. Il est facile de croire que, *dans le fond,* les personnes qui commettent ou qui défendent des actions irrationnelles comprennent les faits mais qu'elles ne font tout simplement qu'utiliser des moyens fanatiques pour mieux obtenir leurs revendications. Si seulement cela pouvait être le cas! Nous pourrions alors raisonner avec elles! *La vérité, c'est que ce genre de personnes croient sincèrement qu'elles agissent rationnellement et logiquement.*

Il est excessivement important que vous appreniez à votre adolescent à penser rationnellement, logiquement et avec cohérence c'est-à-dire en gardant les faits dans leur ordre approprié. Une des meilleures armes que vous puissiez donner à votre enfant est la capacité d'évaluer son propre raisonnement afin qu'il puisse avoir confiance en lui et qu'il soit capable de le modifier à la lumière de nouvelles connaissances. De plus, il devrait apprendre à voir les erreurs d'un mauvais raisonnement et à comprendre comment on peut arriver à de fausses conclusions. Comment s'y prendre pour lui donner une telle éducation?

## Le développement intellectuel

Il est essentiel de comprendre que le développement intellectuel d'un enfant se fait par étapes et aussi que le facteur le plus important pour déterminer la capacité d'un enfant de bien maîtriser chaque phase de son développement intellectuel est le degré de nourriture affective qu'il reçoit. En termes simples voici ce que je veux dire: Mieux vous aimerez votre enfant inconditionnellement et véritablement, mieux il se développera intellectuellement;

plus votre enfant se sentira aimé, plus il sera capable d'apprendre à penser clairement et logiquement; moins un enfant se sentira aimé et entouré d'affection et plus son esprit aura tendance à être faible.

Il faut, pour que son esprit se fortifie et se développe sainement, que l'adolescent ait avant tout une bonne image de lui-même. Ce n'est qu'alors qu'il pourra mûrir et devenir une personne sage et compréhensive, capable de maintenir une saine perspective, tout particulièrement sur ses propres émotions. Le jeune qui est mal nourri affectivement peut avoir une faible maîtrise de ses pensées et être esclave, submergé par ses sentiments. Encore une fois, dans ce domaine, votre premier devoir est de combler les besoins affectifs de votre adolescent.

Récemment, j'ai reçu en consultation un garçon de 14 ans bien bâti et musclé, qui avait attaqué son entraîneur de baseball avec son bâton et l'avait blessé. Le garçon se sentait totalement justifié d'avoir fait un tel acte. Il me déclara qu'il avait le droit d'attaquer son entraîneur parce que le fils de ce dernier et lui-même luttaient pour la même place et cela le mettait, lui, dans une position désavantageuse.

Nous appelons le mauvais raisonnement que ce garçon employait une *association flottante*. En utilisant ce processus de pensée, une personne peut justifier à peu près n'importe quoi. Un raisonnement aussi confus est illogique et dangereux. Il est également de plus en plus courant parmi les adolescents d'aujourd'hui. Malheureusement, lorsque nos rencontres avec un adolescent ne sont que fortuites, il est difficile de discerner chez lui une telle façon de penser. Elle est subtile mais elle est une des principales causes pour lesquelles nos adolescents ne sont pas préparés à une vie d'adulte mûr.

Vous devriez constamment être à l'affût d'occasions pour enseigner à votre adolescent à faire des associations correctes et précises dans ses pensées. Un adolescent typique ne peut pas véritablement penser d'une manière abstraite avant qu'il ait 15 ans et là encore, il ne fait que commencer. C'est la raison pour laquelle un adolescent, au début et au milieu de son adolescence, a si souvent la certitude que ses parents ont tort ou qu'ils sont ignorants. Ce n'est que plus tard, alors que ses processus mentaux ont mûri et qu'il est capable de raisonner abstraitement qu'il commence à comprendre ses parents et à respecter leurs opinions.

Il vous faut être patient et plein d'amour au cours de ces périodes difficiles pour malgré tout apprendre à votre adolescent à penser clairement. Et je veux vous le rappeler, un moyen indispensable de le faire est d'identifier les mauvaises associations d'idées et de les corriger.

## L'affirmation intellectuelle

Pour apprendre à bien penser, un adolescent a besoin de s'affirmer intellectuellement et pour pouvoir penser avec créativité, il a besoin de se respecter non seulement affectivement et physiquement mais aussi intellectuellement. Il doit sentir de l'approbation vis-à-vis de sa capacité de penser. Cela ne veut pas dire que vous devez lui donner l'impression qu'il a toujours raison. Cela veut plutôt dire qu'il faut l'encourager à avoir personnellement chaque fois plus de confiance dans sa capacité de raisonner et de résoudre des problèmes.

La plupart des adolescents ne ressentent pas eux-mêmes cette assurance et cette approbation personnelles s'ils n'ont pas reçu, auparavant, cette assurance et cette approbation de la part de leurs parents ou de ceux qui les remplacent. De nombreux parents ne pensent qu'à corriger leurs adolescents alors que ceux-ci ne peuvent se sentir compétents que si leurs dires sont approuvés, confirmés et appréciés aussi bien que corrigés.

Vous ne pouvez donner ces précieux atouts à vos adolescents que si vous les engagez intellectuellement, c'est-à-dire uniquement si vous vous rendez disponible afin de discuter avec eux de tout sujet qui les intéresse. Vous devez être prêt à écouter leurs idées et cela jusqu'au bout, peu importe votre réaction personnelle. Ainsi, vous pourrez, plutôt que de pointer brusquement leurs erreurs ou de vous disputer avec eux, considérer sérieusement et respectueusement leur point de vue et à votre tour, exprimer calmement le vôtre. Une telle conversation devrait ressembler à une discussion entre bons amis. Ne pensez pas qu'en agissant ainsi vous abdiquez votre autorité parentale. Vous ne faites que démontrer du respect pour les pensées de vos adolescents. Vous leur laissez voir que leurs pensées et leurs opinions sont dignes d'attention et valables et si vos adolescents sentent ainsi que vous les aimez et les respectez, ils seront enclins à incorporer progressivement dans leur mentalité certaines de vos opinions et de vos valeurs.

Malheureusement, beaucoup trop de parents refusent de parler avec leurs adolescents sur un ton de liberté qui leur permettrait d'accepter ou de refuser leur opinion. Au contraire, ils persistent à leur parler de toute leur hauteur, comme s'ils étaient encore des petits enfants. Le résultat est simple : Les adolescents sentent que leurs opinions n'ont pas de valeur ou d'importance. Ils ne peuvent pas s'affirmer intellectuellement. Ils ne se sentent pas réellement aimés par leurs parents. Ils ne se sentent pas respectés mais ils se sentent blessés et ils se fâchent. Ajoutez à tout cela, le fait qu'ils n'ont pas appris si leurs pensées étaient correctes ou incorrectes, logiques ou irrationnelles. N'ayant reçu aucune réaction rationnelle de la part de leurs parents, ils n'ont pas pu savoir si leurs idées étaient valables.

C'est ainsi que la majorité des adolescents ne savent pas s'ils ont raison ou tort sur les sujets auxquels ils pensent. Cela les pousse à rechercher l'opinion des autres et, pensez-y, ceux-ci n'ont pas nécessairement leur bien-être à cœur. C'est lorsque les adolescents se sont coupés de leur famille au point qu'ils ne peuvent plus accepter les opinions et les valeurs de leurs parents ou d'autres figures légitimes d'autorité qu'ils commencent à prêter attention aux gens qui désirent leur faire du tort mentalement, affectivement, physiquement ou spirituellement.

Vous avez donc tout intérêt à vous assurer que votre adolescent se sent inconditionnellement aimé et cela grâce à un contact visuel et physique et à une attention concentrée. Il est également bon de lui permettre de s'affirmer intellectuellement et pour cela vous devez l'écouter et noter soigneusement la façon dont il pense et arrive à ses conclusions. Vous devez le respecter en lui donnant votre opinion mais sans critiquer ou attaquer sa façon de penser.

Ce n'est que lorsque votre adolescent verra que vous êtes prêt à le considérer comme une personne responsable et en possession d'un esprit indépendant qu'il ressentira une confiance équilibrée dans sa capacité de penser avec clarté et qu'il progressera vers la maturité intellectuelle.

Lorsque vous critiquez les opinions de votre adolescent, il ne peut que se sentir fâché, rancunier et même aigri. De plus, il devient de plus en plus méfiant et réfractaire à tout changement d'idées et si c'est le cas, il s'attachera à des opinions enfantines, égoïstes et fausses qu'il véhiculera dans sa vie d'adulte. Nous connaissons tous des adultes qui ont des idées fausses et bizarres. Ces malheureuses personnes ont de la difficulté à comprendre certaines relations sociales, spirituelles ou affectives. Elles ont tendance à se ranger du côté de la plus grosse majorité et elles ont souvent des opinions irréalistes et antagonistes.

## Enseigner par l'exemple

En tant que parent, j'ai commis ma somme d'erreurs mais en tant qu'écrivain j'ai l'avantage de choisir les exemples que je veux. J'aimerais vous donner un exemple qui illustre comment j'ai pu éduquer intellectuellement mon fils David. Je crois qu'à cette occasion j'ai bien agi, car j'ai essayé sans le critiquer de lui montrer où son raisonnement était illogique et trop simpliste et cela m'a permis de lui enseigner une façon plus mûre de penser.

Voilà, David sait très bien quels sont les programmes de télévision que sa mère et moi approuvons et ceux que nous n'approuvons pas. En général, il se soumet assez bien à nos désirs à ce sujet. Cependant un soir, il regarda un programme que nous n'aimons pas, intitulé «Love Boat». Lorsque je rappelai à David que je ne voulais pas qu'il le regarde, il me dit: «Pourquoi pas?» et il enchaîna en me disant qu'il ne pouvait rien trouver de mal dans ce programme parce que «personne ne faisait de mal à personne.»

Est-ce que ce raisonnement vous semble familier? La déclaration de David reflète l'état de moralité de notre société qui s'exprime ainsi: «Je peux faire ce que je veux aussi longtemps que ça ne fait de tort à personne.» C'est contre cette attitude très précisément que Pat et moi-même nous nous opposons. Cachée sous ces mots, il y a une philosophie subtile et dangereuse qui forme la trame de nombreux programmes de télévision.

Je vous avoue que j'ai vraiment eu l'envie de gronder David et de le critiquer pour cette façon superficielle et enfantine de raisonner. Fort heureusement, je me suis rappelé à temps que mon fils avait besoin d'*affirmation intellectuelle* et d'*éducation* pour apprendre à penser avec maturité.

Ainsi je lui dis: «Je comprends ce que tu veux dire, David, mais je crois que le programme «Love Boat» exprime de l'hédonisme et du narcissisme». (Croyez-moi, cela a retenu son attention!)

Il répliqua: «Qu'est-ce que cela veut dire?»

Je lui dis: «Je vais te le dire, David. Prenons un dictionnaire et cherchons ces mots.» (Entre parenthèses, l'usage du dictionnaire a été pour moi une aide extraordinaire pour enseigner à mes enfants des concepts difficiles.)

Nous avons cherché ces mots *ensemble*. Puis nous avons examiné la signification des mots narcissisme et hédonisme jusqu'à ce que je sois sûr qu'il les ait bien compris. Mais, comme un jeune adolescent typique en plein développement, David, même après avoir compris ces définitions, ne comprenait pas encore leur relation avec la vraie vie. Je lui dis: «David, crois-tu qu'une personne hédoniste et narcissique ferait un bon mari, une bonne épouse, une bonne mère ou un bon père? Regarde ta mère. Est-ce qu'elle est égoïste? Est-ce qu'elle ne s'occupe que d'elle-même sans penser aux autres?» Cela alluma une lumière dans la tête de David. Il se mit à penser à toutes les choses que sa mère aimante avait fait pour lui en ce jour bien qu'elle ne se soit pas sentie bien.

Je fus rempli de joie lorsque David répliqua finalement: «Cela veut dire qu'une personne égoïste n'est intéressée qu'à trouver du plaisir pour elle-même, au lieu de penser aux autres.»

David et moi nous sommes mis alors à parler comment ce programme «Love Boat» n'étalait que des attitudes égoïstes et centrées sur le plaisir personnel sans égard pour le bien-être de l'autre.

Enseigner à un adolescent à penser clairement est difficile, fastidieux et très accaparant mais si vous ne tirez pas au clair des questions comme celles que nous venons de décrire, de telles situations influenceront subtilement votre adolescent.

## Soyez logique

Si certains adolescents n'ont pas les idées claires au sujet des questions morales c'est parce que les parents n'assument pas la responsabilité de communiquer à leurs enfants leurs convictions personnelles. D'autres parents disent qu'ils croient à des valeurs spirituelles mais ils ne les vivent pas. De nombreux parents — y compris des chrétiens — ont de la difficulté avec leur propre comportement. L'augmentation de l'inconduite sexuelle, du nombre d'enfants maltraités et de la malhonnêteté est alarmante.

Il n'y a rien qui soit plus troublant pour un adolescent que les contradictions dans la vie de ses parents et cela tout particulièrement au sujet de ces valeurs auxquelles ils disent tenir fermement mais qu'ils n'hésitent pas à piétiner. Comment des parents peuvent-ils enseigner à leurs adolescents à penser avec clarté au sujet des valeurs morales et spirituelles, si leur propre vie ne démontre pas les résultats d'une pensée claire?

Je crois qu'il faut faire face à ce comportement débridé qui détruit la fibre morale de notre société. Dieu nous jugera certainement pour le manque de discipline et de maîtrise qu'Il peut constater dans la vie de tant de gens qui se disent chrétiens.

Chers parents, conduisons-nous conformément à ce que nous connaissons des désirs de Dieu à notre égard. Alors nous pourrons nous approprier les promesses divines en faveur de nos enfants.

# 11
# La formation spirituelle de l'adolescent

La jeune génération actuelle est souvent nommée «la génération apathique». Il est vrai qu'il est difficile de nier que beaucoup de nos adolescents sont indifférents et qu'ils le sont tout particulièrement face à l'avenir. Or, cela est inquiétant car c'est sur un grand nombre de ces jeunes que repose l'espoir de notre pays et de notre civilisation et il nous est pénible de ne pas voir chez eux la vitalité, la vivacité et l'ardeur que nous aimerions y trouver.

Pourquoi y a-t-il tant d'adolescents qui sont apathiques? Pourquoi y en-a-t-il tant qui manquent d'initiative et de stimulation? Pour ma part, j'y vois essentiellement une raison : les jeunes n'ont que peu de confiance dans l'avenir. Or, cet état désespéré est plus grave que les protestations aggressives et violentes de la fin des années 60. Bien que les jeunes de ces années-là défendaient une cause qui, par moments, était mal dirigée et qui n'était pas menée à bien, au moins ils luttaient pour une cause qui reflétait un espoir, un espoir dans leur pays, dans leur genre de vie mais aussi, et c'est là le plus important, cette cause reflétait un espoir intérieur.

Aujourd'hui nous ne voyons plus cette ferveur. L'état d'esprit qui prévaut chez nos jeunes c'est le découragement, le manque d'initiative et le désespoir. Les parents se demandent comment une situation aussi déchirante peut être possible. C'est comme si le cœur et l'âme même d'un grand nombre de nos précieux jeunes leur avaient été arrachés. Mais pourquoi ont-ils si peu d'espérance en l'avenir?

Il est facile de pointer du doigt notre monde bouleversé. Il est facile d'énumérer des évènements nationaux comme le génocide au Cambodge, la famine mondiale, l'aggression russe, la pollution, etc... mais il serait simpliste de croire que c'est *là* la cause du découragement et du désespoir de nos jeunes.

Nos aïeux n'ont-ils pas eu, dans le passé, à faire face à des temps aussi difficiles, aussi dangereux et aussi frustrants que les nôtres? Et de plus, ils ne pouvaient compter que sur très peu de sécurité sociale ou autre. Ils ont eu à vivre à travers la grande dépression, l'holocauste et les autres horreurs de la deuxième guerre mondiale. Pourtant les jeunes de ces époques n'affichaient pas le découragement et le désespoir que l'on constate aujourd'hui.

Les attitudes et les humeurs des jeunes d'une nation reflètent en général les attitudes et les humeurs de ses adultes. Il arrive parfois que les jeunes se rangent derrière les adultes lorsque la sécurité nationale est menacée. En d'autre temps, les jeunes préfèrent s'élever contre le statu quo, surtout lorsqu'ils y perçoivent de l'hypocrisie. Mais aujourd'hui, nous ne pouvons même plus constater une attitude pour ou une attitude contre. Tout ce que nous pouvons percevoir c'est une inertie qui présage le malheur. S'il est vrai que les jeunes reflètent la mentalité des adultes, quels sont aujourd'hui les reflets qu'ils reçoivent des adultes? Il faut l'avouer, nos jeunes ne reçoivent que des reflets de dépression, de mélancolie, de découragement et de désespoir. Comment un adolescent peut-il réagir positivement dans une telle atmosphère? Un adolescent a besoin de voir quelque chose de positif et de valable dans la vie pour qu'il puisse s'y rallier.

À leur détriment, les adolescents ont peu de perspective historique, ce qui leur permettrait de regarder en arrière et d'apprendre à partir de l'expérience de leurs ancêtres. Malheureusement, ils sont limités au présent et à l'avenir et tout ce qu'ils peuvent faire c'est modeler leur mentalité à partir des attitudes et des humeurs qu'ils perçoivent dans le climat courant et prédominant du présent et de l'avenir.

Ainsi, si les adolescents ont de la difficulté à former des attitudes positives, c'est parce que les adultes ne leur communiquent pas la détermination, l'espérance et l'encouragement qui leur permettraient de faire face à l'avenir. La génération adulte, oui, nous les parents, nous semblons enclins à offrir à nos jeunes certaines attitudes étranges et malsaines qui sont en grande partie fausses et qui ne sont certainement pas bibliques. C'est nous les adultes qui, sans nous en apercevoir, sommes en train de développer une orientation face à la vie qui est malsaine, sans créativité, qui bat en retraite et qui est passive. Nous avons, nous aussi, laissé les autres déterminer notre système de valeurs et notre façon de voir la vie. En effet, beaucoup d'adultes croient:

● que nous sommes la première génération à faire face à des crises.

● que le monde était autrefois, d'une manière ou d'une autre, un lieu plus agréable, meilleur et où il y avait plus de sécurité à vivre qu'aujourd'hui où tant de problèmes surgissent.

● que le monde va tellement rapidement à la ruine qu'il est inutile et ridicule de faire des plans ou de se préparer pour l'avenir car, de toute façon, il se peut qu'il n'y ait pas d'avenir du tout.

À ce rythme là, il ne faut pas s'étonner de voir les adolescents qui, de toute façon connaissent peu de choses au sujet de l'histoire de l'homme et encore moins au sujet des grandes promesses de Dieu, succomber à ce pessimisme suffocant et destructeur de tout espoir. Hélas, nous sommes devenus un peuple dont les attitudes et les systèmes de valeur sont si facilement influencés par les autres... Dès que quelque chose ne nous semble plus aussi bon qu'auparavant, nous avons tendance à nous sentir désespérés et nous oublions les choses qui *sont* bonnes. Nous oublions de compter les bienfaits dont nous sommes l'objet. J'ai vu des gens se décourager sur des choses insignifiantes et il y en a d'autres, et là-dessus nous nous ressemblons tous plus ou moins, qui ont tendance à se réjouir avec excès pour des choses qui n'ont pas de réelle importance, comme une nouvelle voiture ou de nouveaux vêtements. Peut-on alors honnêtement trouver étrange que nos jeunes soient si facilement influencés par des groupes « rock » ou des cultes étranges ? Nous les adultes, ne sommes-nous pas influencés de la même manière par la télévision et/ou par certains groupes à intérêts particuliers ?

Je peux comprendre qu'une personne noncroyante ressente cette désorientation, cette confusion et ce désespoir, mais j'ai de la difficulté à accepter qu'un chrétien tombe dans cet état désespéré. Pourtant il y en a tant qui cèdent à ces influences pessimistes et j'ai de la peine de voir leurs adolescents passer à côté de cette ancre essentielle de paix et d'espérance que le Christ destine à Son peuple.

Mon plus profond désir est que nos adolescents reçoivent des messages d'*espérance*, d'*encouragement* et de *défi* mais, hélas! notre génération a en général perdu le contact avec son *héritage spirituel*. Certes, nous avons des problèmes et certains d'entre eux sont complètement nouveaux mais cela est également arrivé à nos grand-parents. Pourquoi nous, ne pouvons-nous pas faire face à nos crises et à nos difficultés sans mauvais pressentiment, sans dépression et sans sentiments de désespoir et de calamités?

Dans tous les temps troublés, certains groupements religieux et certains enseignants ont toujours essayé d'échapper à leurs responsabilités en se mettant à l'écart pour attendre la fin du monde. Au lieu d'utiliser les passages de la Bible selon le dessein de Dieu, c'est-à-dire comme des paroles d'espérance et comme des promesses, ces prophètes, qui le sont de leur propre chef, les utilisent pour annoncer l'heure d'une fin du monde imminente. Leur message est sans espoir: La fin est là, il n'y a donc aucune raison de chercher à résoudre nos problèmes ou à offrir à nos enfants une vie meilleure. Les résultats d'une telle prédication sont une paralysie spirituelle et émotive ou un désintéressement fataliste qui s'exclame: «Mangeons, buvons car demain nous mourrons.»

Voudriez-vous être un adolescent dans une telle atmosphère? Pauvres jeunes, au moment où ils devraient se préparer à une vie d'accomplissement et de contribution dans le monde, ils sentent que l'atitude générale est de retirer le maximum d'aujourd'hui car demain, même s'il vient, ne vaut peut-être pas la peine d'être vécu.

De telles préoccupations empêchent les adultes et les adolescents de prendre leurs responsabilités. Après avoir lu un livre sur «la fin» offert récemment à la télévision, une mère me confia: «Je ne peux m'empêcher de me demander pourquoi je devrais élever mes enfants ou essayer de les préparer pour un avenir qui n'aura pas lieu.» Un homme qui venait de lire un autre ouvrage sur la fin du monde déclara: «J'ai envie de quitter mon emploi et de tout lâcher. Pourquoi continuer?»

Dans cette atmosphère de futilité eschatologique croissante, il est difficile pour les gens de lutter contre le cynisme, d'éviter les drogues et de ne pas tout lâcher. Lorsque la proclamation de la fin du monde que font les médias chrétiens n'est pas équilibrée par une dose adéquate d'espérance et de confiance dans les promesses de Dieu et dans l'amour du Christ, il est inévitable que les chrétiens trouvent qu'il leur est de plus en plus difficile de vivre des vies responsables, courageuses et productives.

Le pessimisme ne fait pas partie des enseignements du Christ. Son message est un message d'espérance et de joie. Alors qu'il parlait des derniers jours, Christ a dit: «Pour ce qui est du jour ou de l'heure, personne ne le sait, ni les anges dans le ciel, ni le Fils, mais le Père seul. Prenez garde, veillez et priez; car vous ne savez quand ce temps viendra [1].» Oui, nous devons veiller pour Sa venue et prier, mais nous ne devons pas devenir pessimistes ni perdre espoir au sujet de l'avenir. Nous ne devons pas fuir notre responsabilité morale qui est de vivre des vies saintes et de transmettre nos valeurs à nos enfants. Les Écritures Saintes nous encouragent à être joyeux, optimistes, pleins d'espérance et à anticiper le meilleur.

La plupart d'entre nous succombent aux influences subtiles de ces prophètes de malheur et nous devenons de plus en plus pessimistes et inquiets. Cela est *mal* car nous devons obéir au Christ qui nous demande d'avoir de la *foi* et de l'espérance. La foi en Lui et en Ses paroles ont pour résultat le réconfort, la paix et l'optimisme. Une telle foi est une source de sagesse et de force pour résoudre nos problèmes et pour envisager l'avenir avec espérance. C'est parce que nous avons perdu notre héritage spirituel que nos adolescents reflètent notre dépression, notre désespoir et notre pessimisme.

Si, en tant que parents, nous pouvions capter une image globale de l'Histoire, nous saurions y trouver notre place, une place d'une extrême importance et pleine d'aventures. Notre monde ne forme qu'un chapitre dans les plans de Dieu et dans Son livre d'Histoire et ni les uns ni l'autre ne finiront jamais. Lorsque le chapitre de notre monde sera terminé, je veux, pour ma part, pouvoir regarder en arrière et savoir qu'en tant que peuple de Dieu, nous avons fait Sa volonté et que nous sommes restés fermes dans notre foi en Lui et en Sa bonté. Je veux avoir la satisfaction de ne pas avoir cédé aux pressions d'un monde qui veut nous faire utiliser nos ressources pour vivre aujourd'hui des «expériences» qui nous amèneront à sacrifier le privilège que Dieu nous offre de vivre des vies justes et saintes. Je veux pouvoir dire avec l'apôtre Paul: «J'ai combattu le bon combat, j'ai achevé la course, j'ai gardé la foi[2].»

Que Dieu nous aide à finir notre course et à garder la foi. Faire cela au mieux de notre capacité sera beaucoup plus utile à nos adolescents que n'importe quoi d'autre. Mais rappelons-nous que pour leur donner de l'espérance, de la foi et de l'optimisme, il nous faut d'abord posséder nous-mêmes ces vertus.

Les adolescents d'aujourd'hui supplient leurs parents de leur indiquer des systèmes de valeurs morales afin d'être guidés. Ils expriment ce besoin de diverses manières. Les uns diront qu'ils désirent «une règle par laquelle ils puissent diriger leur vie». D'autres déclareront qu'ils ont besoin «d'un sens à leur vie». Des adolescents désespérés soupireront après «quelque chose qui leur montrera comment vivre» ou «quelque chose à quoi ils puissent s'accrocher» ou encore après «une direction supérieure».

Ces besoins désespérés ne sont pas l'apanage exclusif de quelques adolescents insatisfaits et mécontents. Non, la majorité des adolescents les ressentent. Ils sont troublés, bien peu au clair dans ce domaine si important de la vie. Il est tragique de voir combien il est rare de trouver des adolescents qui croient que leur vie a un sens et un but, qui sont en paix avec eux-mêmes et qui possèdent une saine perspective pouvant leur permettre de vivre dans ce monde troublant, terrifiant et en transformation constante.

Initialement, c'est vers ses parents qu'un enfant se tourne pour recevoir des conseils et des directives pour sa vie mais pour que l'enfant puisse combler ce besoin auprès d'eux, il faut deux conditions. La première, c'est que les parents aient eux-mêmes trouvé un sens à leur vie, et la deuxième, c'est que l'enfant soit capable d'accepter les valeurs de ses parents pour les faire siennes. Un enfant qui ne se sent pas sincèrement aimé de ses parents aura de la difficulté à remplir cette deuxième condition.

Arrêtons-nous à la première condition qui permettrait à un jeune de trouver ce sens à sa vie dont il a désespérément besoin. En tant que parents, nous avons besoin d'une base solide sur laquelle nous pouvons faire reposer nos propres vies, une base capable de résister au test du temps. Cette base solide doit pouvoir rester ferme à travers tous les problèmes de la vie: à travers les exigences de la vie conjugale, les crises financières, les problèmes avec nos enfants, les rationnements de l'énergie et les chocs violents que nous subissons au cœur d'une société mourante aux valeurs spirituelles de plus en plus faibles. Certes, si nous voulons léguer à nos enfants une telle base nous devons la posséder nous-mêmes.

Cette base est un trésor et ce trésor qui n'a pas de prix, qui réconforte et qui donne la paix, ce trésor dont tout cœur a besoin, c'est une Personne. Cette Personne est extrêmement intime mais pourtant Elle peut être partagée. Elle fortifie dans les périodes de stress et réconforte dans le chagrin. Elle nous accorde de la sagesse lorsque nous sommes troublés et nous corrige lorsque nous sommes en faute. Elle nous offre de l'aide lorsque nous sommes dans le besoin et Son aide n'a pas de fin car Elle nous dirige constamment et Elle est à nos côtés «plus proche qu'un frère.»

Elle nous donne des commandements auxquels il nous faut obéir mais Elle promet de merveilleuses récompenses à ceux qui obéissent. Elle permet, par moments, que nous subissions de la détresse, de la souffrance et des pertes mais Elle efface toujours cela par quelque chose de meilleur. Elle ne s'impose pas à nous mais Elle attend patiemment que nous L'invitions dans nos vies. Elle ne nous force pas à faire Sa volonté mais Elle est douloureusement désappointée lorsque nous faisons un mauvais choix. Elle voudrait que nous L'aimions car Elle nous a aimé la première. Cependant Elle nous laisse la liberté de La choisir ou de La rejeter. Elle désire prendre soin de nous mais Elle refuse de s'imposer à nous. Son plus grand désir est d'être notre Père, mais Elle ne défoncera pas les portes. Cependant si nous désirons ce qu'Elle désire — une relation d'amour, de tendresse et de compassion, une relation de Père à enfant avec Elle — il nous incombe d'accepter Son offre car Elle a trop de tact pour nous l'imposer. Entre temps, elle attend que vous et moi devenions Ses enfants. Allons, ce n'est pas possible que vous ne l'ayez pas deviné, une telle Personne doit être un Dieu personnel.

Cette relation personnelle, intime avec Dieu à travers Son Fils Jésus-Christ, est la chose la plus importante dans la vie. C'est là ce «quelque chose» que nos jeunes désirent intensément, oui c'est là, c'est ça «le sens à la vie», «ce quelque chose sur quoi s'appuyer», «ce quelque chose qui réconforte quand tout s'écroule». Tout cela est là, en Lui.

Le possédez-vous? Je vous en prie, si vous ne L'avez pas encore, recherchez de l'aide auprès de quelqu'un qui Le connaît.

La deuxième condition qui permettra à un jeune de trouver un sens à la vie est qu'il s'identifie suffisamment à ses parents pour pouvoir accepter et faire siennes leurs valeurs. Comme vous vous en souvenez, si un adolescent ne se sent pas aimé et accepté par ses parents, il aura de réelles difficultés à s'identifier à eux et il aura tendance à réagir à leurs conseils avec colère, ressentiment et hostilité. Il considèrera chaque requête ou chaque ordre de ses parents comme une chose imposée et il apprendra à y résister. Dans des cas graves, un adolescent apprend à considérer chaque requête de ses parents avec tant de ressentiment que toute son orientation face à leur autorité et finalement envers toute autorité, y compris celle de Dieu, est de faire exactement le contraire de ce qui lui est demandé. Lorsque ce degré d'aliénation est atteint, il est presque impossible pour des parents de communiquer à leur adolescent leur système de valeurs morales.

Maintenant, je dois encore une fois le répéter, pour qu'un adolescent puisse s'identifier à ses parents, pour qu'il puisse maintenir avec eux des contacts étroits et pour qu'il soit capable d'accepter leurs standards, il faut qu'il se sente sincèrement aimé et accepté par eux. Les parents, s'ils veulent amener leur adolescent à connaître la relation étroite avec Dieu qu'ils possèdent eux-mêmes, doivent auparavant s'assurer que leur enfant se sent inconditionnellement aimé. Il est extrêmement difficile pour un adolescent qui ne se sent pas inconditionnellement aimé par ses parents de se sentir aimé par Dieu.

## L'enseignement religieux

Il est important de connaître comment fonctionne la mémoire d'un adolescent. Il faut se rappeler qu'émotivement, un adolescent est un enfant. Il est donc beaucoup plus affectif que cognitif. Il retient plus facilement les sentiments que les faits. C'est ainsi qu'un enfant se rappellera toujours plus facilement ce qu'il a ressenti dans une situation particulière que ce qui s'y est passé.

Permettez-moi un exemple pertinent. Un enfant ou un adolescent qui a fréquenté une école de Bible à l'église se rappellera exactement comment il s'y est senti longtemps après qu'il ait complètement oublié ce qui s'y est dit ou enseigné.

Ainsi, d'une certaine manière, ce qui compte beaucoup plus que les détails de l'enseignement d'un professeur, c'est l'expérience agréable ou désagréable que l'enfant a vécu à son contact. Par *agréable*, je ne veux pas dire qu'un professeur doive se plier aux désirs de divertissement et aux fredaines de l'enfant. Ce que je veux dire, c'est que le professeur devrait traiter l'enfant avec respect, gentillesse, considération et il devrait l'amener à se sentir bien dans sa peau. L'enfant ne devrait jamais être critiqué, humilié ou abaissé d'une quelconque manière.

Si l'éducation religieuse est une expérience dégradante ou ennuyante pour une jeune personne, celle-ci aura tendance à rejeter même le meilleur enseignement et tout particulièrement s'il implique des principes moraux. C'est à partir de ce genre de situation qu'un adolescent développe un préjugé contre tout ce qui est religieux et qu'il est amené à croire que les personnes qui fréquentent une église sont des hypocrites. Cette attitude est difficile à rectifier et elle peut le suivre toute sa vie.

D'autre part, si l'apprentissage religieux est agréable, les souvenirs d'un adolescent au sujet des choses religieuses seront agréables et ils pourront s'incorporer dans sa personnalité. L'affectivité et la spiritualité ne sont pas des entités totalement séparées. Au contraire, l'une est dans une bonne mesure reliée à l'autre et dépendante d'elle. C'est pour cette raison que lorsque des parents veulent aider leur enfant spirituellement, ils doivent prendre soin de lui affectivement. Ils doivent lui fournir une série de souvenirs agréables sur lesquels il pourra greffer les faits spirituels qu'ils veulent lui léguer. Ne l'oubliez pas, ce dont un enfant se souvient le plus facilement, c'est de ses sentiments et non pas des faits.

## L'approche passive

J'aimerais maintenant examiner une conception populaire mais erronée qui se formule à peu près comme suit: «Je veux que mon enfant apprenne à faire ses propres choix et qu'il les fasse après avoir été exposé à toutes sortes de choses. Il ne devrait pas se sentir obligé de croire ce que je crois. Je veux qu'il apprenne à connaître toutes sortes de religions et philosophies puis, quand il sera grand, il pourra prendre une décision personnelle.»

Un tel parent s'esquive ou alors il est grossièrement ignorant du monde dans lequel nous vivons. Un enfant qui est élevé de cette façon est vraiment à plaindre. Sans directives et sans une clarification constante des questions morales et spirituelles, il aura des idées de plus en plus embrouillées au sujet de ce monde. C'est triste, c'est dommage, car il *existe* des réponses raisonnables à des nombreux conflits de la vie ainsi qu'à ses contradictions apparentes. Un des plus beaux cadeaux que des parents puissent donner à leur enfant, c'est une explication claire et fondamentale de ce monde et de ses problèmes troublants. Est-il surprenant que les enfants qui n'ont pas cette explication, cette base stable de connaissances et de compréhension, crient un jour à leurs parents: «Pourquoi ne m'avez-vous pas montré le sens de tout cela? Qu'est-ce que tout cela signifie?»

Une autre raison pour laquelle cette approche passive de la spiritualité est une grossière négligence, c'est que de plus en plus d'organisations et de cultes offrent des réponses destructrices, aliénantes et fausses aux problèmes de la vie. Ces gens n'aiment rien de plus que de trouver une recrue qui a grandi avec, apparemment une telle largesse d'esprit. Elle est une proie facile pour n'importe quel groupe qui semble offrir des réponses concrètes peu importe qu'elles soient fausses ou aliénantes.

Il est très déroutant de voir que certains parents puissent dépenser des milliers de dollars et s'abaisser à toutes sortes de manipulations politiques pour s'assurer que leur enfant recevra une préparation professionnelle adéquate... Mais pour la préparation la plus importante de toutes, pour celle qui lui permettra de traverser les batailles spirituelles de la vie et d'y trouver un sens, ils laissent leur enfant voler de ses propres ailes et devenir très souvent la proie facile de fanatiques religieux.

## La préparation spirituelle des adolescents

Comment les parents préparent-ils leurs adolescents spirituellement? L'instruction religieuse et les activités organisées sont certainement très importantes pour le développement d'un enfant ou d'un adolescent. Cependant, il ne faut pas l'oublier, rien n'influencera jamais autant un enfant que son foyer et ce qu'il y vit. C'est pourquoi, les parents doivent être activement engagés dans la croissance spirituelle de leur adolescent et ils ne peuvent pas se permettre de l'abandonner à d'autres, fussent-ils d'extraordinaires ouvriers pour les jeunes au sein de l'église.

1. *Les parents doivent eux-mêmes enseigner à leurs adolescents les buts de la spiritualité.* Ils doivent leur enseigner non seulement des principes spirituels mais encore leur montrer comment ils peuvent les appliquer dans leur vie quotidienne. Cela n'est pas facile. Il est assez simple de donner à des adolescents des connaissances bibliques de base comme de leur présenter les différents personnages de la Bible et ce qu'ils ont fait. Mais cela ne peut pas être notre but ultime. Ce que nous devons désirer, c'est que nos adolescents comprennent quelle est pour eux, personnellement, la signification des caractères et des principes bibliques. Nous ne pouvons arriver à cela qu'au prix du sacrifice de nous-même, comme pour l'attention concentrée. Nous devons être prêt à passer du temps seul avec nos adolescents afin de remplir leurs besoins affectifs aussi bien que spirituels. En réalité, autant que possible, pourquoi ne pas le faire simultanément?

2. *Les parents doivent partager leur propre expérience spirituelle.* Les connaissances acquises à l'église, à l'école de Bible et à la maison ne sont que des

matériaux bruts qui permettront à l'enfant de croître spirituellement. Il doit aussi apprendre à utiliser cette connaissance efficacement et avec précision afin de devenir une personne responsable sur le plan spirituel. Pour en arriver là, un adolescent a besoin d'apprendre à marcher avec Dieu quotidiennement et à compter sur Lui personnellement.

La meilleure façon pour un parent d'aider son adolescent de la sorte, est de partager avec lui sa propre expérience spirituelle et alors qu'il grandit, de lui dévoiler graduellement l'ampleur de son témoignage. Le parent peut parler avec son adolescent de l'amour qu'il a pour Dieu, de sa marche quotidienne avec Lui, de sa confiance en Lui, de sa recherche de Ses directives et de Son aide, de sa reconnaissance pour Son amour, Ses soins, Ses dons et de l'exaucement de ses prières.

Il est également utile que le parent partage ces choses avec son adolescent au moment même où elles se passent et non après. Ce n'est qu'ainsi qu'un adolescent peut recevoir une éducation «vivante» et authentique. Le partage d'expériences passées ne peut fournir à l'adolescent qu'une connaissance des faits et le prive de la possibilité d'apprendre à travers sa propre expérience. Il y a beaucoup de vérité dans ce vieil adage: «L'expérience est notre meilleur maître.»

Ainsi, laissez-lui donc partager la vôtre. Plus un adolescent apprendra à faire confiance à Dieu, plus fort il deviendra.

3. *Les parents doivent donner l'exemple du pardon.*
Il faut qu'un adolescent apprenne par l'exemple à pardonner et à trouver le pardon tant auprès de Dieu qu'auprès des autres. Cet enseignement, les parents le donneront tout d'abord en pardonnant eux-mêmes. Ensuite, lorsqu'ils font une erreur qui blesse leur adolescent, ils doivent pouvoir admettre leur faute, s'en excuser et demander pardon. Il y a tant de gens aujourd'hui qui ont des problèmes avec le remords. Ils

n'arrivent pas à pardonner et/ou ils n'arrivent pas à se sentir pardonnés. Qu'y a-t-il de plus misérable? L'heureuse personne qui a appris à pardonner à ceux qui l'ont offensée et qui est capable de demander et de recevoir le pardon, manifeste une preuve de bonne santé mentale.

## «Les amis qui se tiennent sur le balcon»

Le pasteur Moncrief Jordan m'a raconté une histoire au sujet d'un de ses amis et parce qu'elle peut illustrer notre sujet, j'aimerais vous la raconter à mon tour. L'ami du pasteur Jordan disait que lorsqu'il essayait de maîtriser ses propres tendances au découragement et au désespoir, il demandait à ses amis qui se trouvaient «sur le balcon» de parler aux voix qui montaient de «sa cave.»

Nous avons tous des voix qui montent de notre cave et qui nous viennent des soubassements de nos vies. Elles peuvent être parfois des impulsions ou des passions que nous associons au monde animal: un tempérament violent, une colère aveugle, un esprit de vengeance. Ces voix vont au-delà des réactions affectives ou physiques. Elles procèdent également de ce côté noir que nous possédons tous mais que la majorité des gens ignore la plupart du temps. Notre cave est le lieu où nos scénarios de haine, de cupidité, de convoitise et de destruction se déroulent et malheur à la personne qui ne reconnaît pas le potentiel de ce domaine.

Les voix de notre cave nous parviennent aussi par le biais de ceux qui nous entourent et qui, à cause d'une pauvre estime d'eux-mêmes, d'un sentiment de culpabilité, d'une frustration ou d'une hostilité refoulée, nous abattent en nous disant combien le monde est mauvais et combien nous sommes mauvais. Si nous les laissons crier, ces voix peuvent nous conduire au désespoir et à l'impuissance.

Fort heureusement, il n'existe pas que des voix qui nous viennent de notre cave. L'ami du pasteur

Jordan lui a également parlé de ses amis sur le balcon. Ces amis-là, sont des gens encore vivants ou déjà morts, qui nous ont une fois, élevés par leur amour, leur foi, leur espérance et leur courage.

Nous avons tous besoin d'amis sur notre balcon dont le témoignage pourra nous aider à vivre au-dessus des bêtises et des discordes de la vie, nous donner la preuve que l'on n'a pas besoin de végéter dans le négativisme et le désespoir, que l'on peut résister à nos conflits intérieurs et les empêcher de gâcher notre vie, que l'on peut vivre victorieusement. Nos amis sur le balcon sont des gens qui nous inspirent tant par leurs paroles que par leurs gestes.

La Bible nous présente avec concision quelques-uns de ces «amis sur le balcon» dans le chapitre onze de l'épître aux Hébreux où est énumérée une liste de gens qui ont donné la preuve que la foi agissante est efficace et que grâce à elle, la vie peut avoir un sens et un but à *n'importe quelle* époque de l'histoire.

La plupart d'entre nous savons tirer une leçon de notre propre expérience, mais il faut être particulièrement sage pour savoir tirer une leçon de l'expérience d'autrui. Nous pouvons avoir le privilège de laisser nos amis sur le balcon nous épargner des erreurs et des conflits inutiles et nous relever grâce à l'espérance.

Il faudrait peut-être penser à écrire notre propre chapitre onze de l'épître aux Hébreux, je veux dire, nous devrions faire la liste de nos propres amis «sur le balcon». Vous rendez-vous compte que nous possédons à notre époque un plus grand nombre de ces gens «sur le balcon» que n'importe quel autre peuple auparavant dans l'histoire?

Dans la liste que nous ferions, nous devrions nommer quelques personnes qui sont encore vivantes et avec lesquelles nous nous sentons en sécurité pour mettre à nu de temps à autre notre cœur et notre âme. Ce sont des personnes en qui nous avons pleinement confiance, que nous admirons et auxquelles nous pouvons dévoiler nos sombres côtés, sachant que nous n'en serons que plus aimés et qu'elles prieront pour nous. C'est là une des raisons d'être de l'Église de Christ.

Nos adolescents ont besoin d'amis « sur le balcon » afin de recevoir de l'espérance. Ils en ont assez « des voix de la cave » qui parlent plus fort qu'il ne le faut. Nous devons devenir pour notre précieuse jeunesse « des amis sur le balcon » et dans ce but, il faut s'atteler à la tâche et cesser de colporter des rumeurs de ténèbres et d'obscurité. Oh! si vous saviez combien nos adolescents sont sensibles au pessimisme et particulièrement à celui qui vient de leurs parents. Nous n'avons pas besoin de sombrer dans le désespoir de notre temps. La foi en Dieu et en nous-mêmes nous donne une espérance qui ne peut pas être anéantie. — Avez-vous lu le chapitre onze de l'épître aux Hébreux? Non? Pas encore? Je vous en prie, faites-le sans tarder.

Dieu nous donne de l'espérance et espérer ce n'est pas prendre ses désirs pour des réalités, c'est *savoir* que les merveilleuses promesses de Dieu sont véritables. Dieu nous a fait des milliers de promesses. Pourquoi ne les liriez-vous pas vous-même? Vous pouvez, si vous le désirez, commencer par le chapitre 8 et le verset 28 de l'épître aux Romains : « Nous savons du reste, que toutes choses concourent au bien de ceux qui aiment Dieu, de ceux qui sont appelés selon son dessein », ou encore par le chapitre 29 et le verset 11 du livre de Jérémie : « Car je connais les projets que j'ai formés sur vous, dit l'Éternel, projets de paix et non de malheur, afin de vous donner un avenir et de l'espérance. »

Prenez la peine de considérer le verset 10 du 41e chapitre d'Esaïe :

« Ne crains rien, car je suis avec toi.

Ne promène pas des regards inquiets, car je
suis ton Dieu,
Je te fortifie, je viens à ton secours.
Je te soutiens de ma droite triomphante. »

Cherchez le verset 20 du Psaume 34 :

« Le malheur atteint souvent le juste,
Mais l'Éternel l'en délivre toujours. »

Il *faut* que notre pays retrouve l'espoir. Nos
jeunes gens ont besoin d'espérance pour envisager
un avenir incertain. Je sais très bien que la
situation actuelle n'est pas rose mais si, comme cela
se faisait dans le passé, nous savons donner à notre
jeunesse ce dont elle a besoin pour affronter l'avenir,
elle sera prête et saura se tirer d'affaires. Nous devons lui donner de la confiance, du courage, de la force
morale et le sens des responsabilités mais nous ne
pouvons pas lui donner ces atouts inestimables
sans l'espérance, sans la *connaissance* certaine que
Dieu existe, qu'Il nous aime et que Ses promesses
sont véridiques.

Le pasteur Jordan m'a raconté qu'il visitait régulièrement un homme qui souffrait de nombreuses in-
firmités physiques et dont les deux jambes avaient
dû être finalement amputées. Il se mit alors à craindre que cela n'anéantisse finalement sa conception
joyeuse et optimiste de la vie. Mais il n'en fut rien.
Cet homme apprit à s'asseoir dans une chaise roulante
en se donnant un élan à l'aide d'un trapèze fixé à
son lit. Il pouvait ainsi parcourir le corridor de l'institution si déprimante dans laquelle il se trouvait,
pour se rendre au salon. Arrivé, il se mettait alors
à jouer du piano et à chanter jusqu'à ce qu'il ait at-
tiré d'autres malades et que tous ensemble chantent.
Au cours des dernières années de sa vie, cet homme
fut pour de nombreuses personnes, un canal de joie
et d'espérance.

L'espoir chrétien n'est pas tributaire de ce que le monde fait pour nous mais il est tributaire de ce que nous faisons dans le monde alors que nous vivons pour répondre au grand amour que Dieu nous a manifesté.

Chers amis parents, il est difficile d'être «des amis sur le balcon» dans ces années. J'en sais quelque chose, mais laissez-moi vous garantir que cela en vaut vraiment la peine : C'est comme donner de l'eau à une terre desséchée. Mieux encore, c'est ainsi que nous pourrons donner à nos adolescents ce dont ils ont besoin pour devenir à leur tour, ce genre de personnes.

Par nature, je ne suis pas «un ami sur le balcon» autant que l'est ma femme Pat et j'éprouve une véritable joie à voir ma fille marcher sur les traces de sa mère. Elle est aussi «une amie sur le balcon». Combien j'ai d'admiration pour une telle attitude et je désire sincèrement m'en rapprocher davantage.

Chers amis parents, travaillons ensemble. Si chaque jour, nous nous efforçons de grandir, nous serons graduellement et toujours plus transformés à la ressemblance de Christ, l'ultime Ami sur le balcon...

# 12

# L'adolescent
## plus âgé

Le temps de la séparation normale approche et contrairement à ce que de nombreux parents croient, les adolescents ont encore besoin de leur aide pour faire ce saut périlleux dans l'âge adulte car ce changement de statut ne se fait pas instantanément à la fin des études ou au départ de la maison.

La transition de l'adolescence à l'âge adulte devrait se faire comme un sevrage progressif pour lequel tant les parents que les adolescents se préparent.

De leur côté, les parents peuvent se préparer à ce changement dans la mesure où ils ont acquis l'assurance que leur adolescent a appris à vivre une vie indépendante. Dans ce but, ils ont pu offrir à leur enfant qui grandissait l'occasion de pratiquer son indépendance en lui permettant de vivre loin du foyer pour certaines périodes de temps, par exemple lors des camps de vacances ou au cours de visites chez des parents. Cependant, ce qu'il faut maintenant c'est accroître l'autosuffisance de l'adolescent au point qu'il puisse réellement se suffire à lui-même. Peut-il faire son lavage? Peut-il se préparer des repas équilibrés? Peut-il faire face à toutes les obligations d'une vie indépendante ? En général, on néglige d'enseigner ces besoins fondamentaux à ses enfants et tout particulièrement à ses garçons. Je connais de nombreux cas où des garçons qui vivaient pour la première fois loin du foyer, n'arrivaient pas à se préparer autre chose que les mêmes repas malsains et riches en féculents jour après jour, au point de faire des carences vitaminiques et de devenir maladifs.

De plus, alors que le moment de son indépendance approche, votre adolescent devrait être capable de prendre en main ses propres finances. Il devrait savoir gérer son budget et vérifier son carnet de chèques. De telles choses peuvent sembler relever du sens commun ou être des banalités, mais il faut alors ignorer le nombre d'adultes qui ne savent toujours pas vérifier un carnet de chèques et encore moins mettre de l'argent de côté.

Il faut du temps pour éduquer un adolescent à prendre en main ses affaires : cela ne va jamais de soi. Je suis étonné, par exemple, de constater le nombre de collégiens qui n'arrivent pas à se lever le matin pour arriver à temps à leurs cours. Le meilleur temps pour apprendre l'autodiscipline, c'est toujours avant de quitter le foyer car il est très rare que l'on puisse l'apprendre plus tard d'une manière suffisante.

C'est en général, au cours de la dernière phase de l'adolescence que l'on acquiert les habitudes qui restent toute la vie. Il est encourageant de savoir que, même si la plupart des caractéristiques ou des traits que l'adolescent aura à l'âge adulte sont déjà formés en partie, ils peuvent généralement encore être modifiés. Parents et adolescents devraient donc tirer profit de ce temps de sursis pour mettre en valeur les caractéristiques favorables de ces derniers et pour modifier avec bon espoir celles qui le sont moins.

## L'ambition

Une des composantes les plus importantes de la personnalité d'un adolescent est son degré d'ambition.

Personne, et encore moins l'adolescent, n'est parfaitement équilibré dans ce domaine. Certaines personnes sont trop ambitieuses et elles soumettent presque toutes leurs ressources personnelles au but qu'elles veulent atteindre, que ce soit de bonnes notes, un diplôme universitaire ou de l'argent et cela à l'exclusion de domaines également importants comme le plaisir, la détente et les relations humaines. Une personne trop ambitieuse a tendance à être perfectionniste, à se poser en critère, à être rigide dans sa façon de penser, entière dans ses opinions, tendue et soucieuse. Elle a également tendance à prendre tout trop à cœur et trop au sérieux. De nombreux lecteurs de ce livre tomberont, tout comme moi, dans cette catégorie.

Il est bon d'être ambitieux et consciencieux mais ceux qui le sont avec excès trouveront que la vie est ingrate et qu'elle n'offre que peu d'agréments. Ces personnes auront également tendance à être dépressives alors qu'elles vieillissent et cela tout particulièrement vers le milieu de leur vie. Pour elles, se fixer et atteindre des buts est devenu leur seule raison de vivre. C'est pourquoi, lorsqu'elles atteignent leurs buts, elles se demandent quel sens il reste encore à leur vie et lorsqu'elles ne les atteignent pas, c'est encore la même chose, elles ont le sentiment que la vie n'a pas beaucoup de sens. Si votre adolescent plus âgé manifeste ces traits de caractère, vous pouvez être pour lui une aide prodigieuse en lui enseignant à trouver une satisfaction dans des passe-temps agréables et dans d'autres moyens de *détente* mais plus encore en lui enseignant à connaître l'immense valeur que peuvent avoir des amis et des relations personnelles. Il est encore relativement aisé pour un adolescent plus âgé de changer mais plus une personne vieillit plus il lui est difficile de changer. Plus un adulte est perfectionniste et ambitieux, plus il aura tendance à devenir morne, déprimé, rigide et désagréable dans sa vieillesse.

Il me vient à l'esprit deux personnes qui présentent dans ce domaine de frappants contrastes. L'une d'elles est un homme de 67 ans que j'ai rencontré récemment. Toute sa vie, il avait été un travailleur assidu, consacrant presque toute son énergie à son travail. Il ne s'était permis que peu de temps avec sa famille, n'avait nourri que peu d'amitiés et avait été un véritable perfectionniste. Jusqu'à sa retraite, sa vie avait été assez agréable mais alors qu'il n'avait plus de but à atteindre (travailler dur), il perdit presque tout intérêt dans la vie et il tomba rapidement dans une profonde dépression. Lorsque je l'examinai, il avait le regard fixé devant lui comme s'il était dans une transe catatonique. C'est à peine s'il pouvait bouger et tout ce qu'il avait fait, à longueur de journée jusqu'à ce que sa famille décide de le faire traiter, c'était rester assis et immobile.

Notre chère voisine, une veuve est l'exact opposé de cet homme. C'est une femme qui a accompli énormément de choses dans sa vie et qui est encore engagée dans de nombreux projets. Cependant, elle a toujours aimé les gens et elle a entretenu avec certains d'entre eux des liens étroits. Les gens se sentent merveilleusement bien à être simplement en sa présence.

Quelle différence! L'homme dont je vous parlais a été trop perfectionniste et ambitieux, mais notre voisine a réussi à maintenir un admirable équilibre. Il est important de comprendre que ces traits de caractère se trouvaient déjà chez l'un et chez l'autre vers la fin de leur adolescence et qu'ils n'ont fait que s'intensifier au cours des années.

C'est dans la mesure où un adolescent comprend le sens et la valeur des relations humaines qu'il peut se transformer en une personne agréable et sympathique, capable de louvoyer entre les embûches de la vie sans sombrer dans de paralysantes dépressions. La clé de tout cela, c'est l'*équilibre*. Vous devez désirer que votre adolescent plus âgé ait le degré indispensable d'ambition qui lui permettra de vivre une vie aux réalisations satisfaisantes. Mais vous devez aussi désirer qu'il soit porté vers les gens afin qu'il puisse créer des liens personnels significatifs en tant que conjoint, parent et ami.

J'ai eu avec ma précieuse fille Carey de longues discussions à ce sujet avant qu'elle ne parte pour le collège. J'ai insisté sur l'importance de ces amitiés qui se nouent à l'école secondaire et au collège. Ce sont des amitiés vraiment spéciales qu'il faudrait, dans la mesure du possible, maintenir au cours des années. Je lui ai conseillé de garder un carnet dans lequel elle pourrait noter le nom et l'adresse de chaque véritable ami qu'elle s'est fait afin de pouvoir garder le contact avec eux par la suite.

Même si nous pouvons former des amitiés étroites après la période de nos études, il reste que ces amitiés estudiantines sont spéciales. Nous pouvons entrer en contact avec ces amis-là des années plus tard et toujours trouver, presque immédiatement, un lieu commun. Il semble qu'avec eux, il n'y a qu'à reprendre la conversation là où nous l'avons laissée la dernière fois que nous nous sommes rencontrés. Tout de suite, nous sommes à nouveau dans « le bon vieux temps. » Il est particulièrement important pour l'adolescent plus âgé, qui peut être ambitieux au point de dévaloriser l'amitié, qu'il sache apprécier ses amis.

Cependant, le problème de votre adolescent peut être exactement le contraire. Son but à lui est de se relaxer, d'avoir du plaisir, de jouir de la vie et de retarder la prise en main de ses responsabilités le plus possible. Comme vous l'indiquera le bon sens, vous devez identifier ces traits de son caractère et vous mettre à les modifier très tôt dans l'adolescence.

Votre adolescent peut être capable d'avoir de bonnes notes, mais il a tant de plaisir avec ses amis dans toutes sortes d'activités qu'il ne consacre pas suffisamment de temps et d'effort au travail scolaire. Si votre enfant n'est pas gravement passif-agressif, il est convenable de faire face à ce problème ouvertement. Si cet état de fait n'est pas le résultat d'un problème de colère, vous pouvez aider votre adolescent à avoir une approche plus équilibrée de ses responsabilités. Si vous avez bien fait votre devoir de parent et que vous avez l'assurance que votre enfant se sent inconditionnellement aimé, vous avez tous les droits ainsi que le devoir d'exiger d'une manière directe que votre adolescent assume correctement ses responsabilités et qu'il devienne convenablement motivé.

Cela me rappelle une expérience que nous avons vécue avec notre fils de 13 ans David.

Il est capable d'avoir de bonnes notes et il en a eues jusqu'à la septième année. Cependant, à cette époque, il se mit à être tellement absorbé par le football et par ses amis que son bulletin n'affichait plus que des « C ». Comme nous savions que cela était bien en-dessous de ses possibilités, et comme nous avions constaté sa forte tendance au plaisir, aux fredaines et à la camaraderie excessive, Pat et moi décidâmes que des changements s'imposaient. Nous nous entendîmes avec les professeurs de David pour que chacun d'eux nous envoie un rapport hebdomadaire de ses notes sur une période de six semaines. Nous avons dit à David que chaque fois qu'il aurait un « C », il serait privé d'activités sportives pour la semaine à venir. De plus, nous lui fixâmes des règles, lui permettant de développer de bonnes habitudes d'étude et nous avons veillé à ce qu'elles soient respectées. Nous avons été heureux de pouvoir constater les résultats d'une telle approche: Depuis, non seulement le nouveau bulletin de David ne révèle plus que des « A », mais encore son attitude globale envers les études et l'école a changé. Il se mit à être réellement fier de son succès et nous n'avons plus eu besoin de l'inciter au travail.

Il arrive à l'occasion qu'un adolescent manifeste une attitude négative envers l'école au fur et à mesure que la fin de ses études secondaires approche. Cela arrive souvent chez un adolescent qui a eu auparavant des difficultés d'apprentissage ou de perception. Cela, naturellement, peut entraîner des conflits avec les parents qui peuvent avoir à son sujet de grandes ambitions scolaires. Chaque situation doit être étudiée séparément. J'ai vu de nombreux cas de ce genre se résoudre alors que l'adolescent était encouragé à quitter l'école pendant un an ou deux afin de travailler ou d'entrer dans l'armée. Très souvent, cette solution donnera à l'adolescent le temps d'acquérir l'expérience dont il a besoin pour mûrir, se ranger et découvrir ce qu'il désire faire de convenable comme métier et au sein de la société.

## Se préparer à la réalité de notre monde

C'est un grave dilemme pour les parents que de savoir comment préparer leurs jeunes à faire face à la réalité de notre monde avec son alcool et ses autres drogues, son dérèglement sexuel, l'effondrement de ses valeurs spirituelles et son attitude généralisée d'égocentrisme et d'égoïsme. Ce sujet est tellement controversé qu'il est même difficile d'écrire là-dessus. Je crois que c'est une cruelle erreur que d'isoler complètement des enfants et des adolescents de la réalité du monde et pourtant j'ai vu de nombreux parents le faire. De toute façon, il arrive toujours un temps où ils doivent laisser partir leurs fils ou leurs filles et si ces derniers n'ont pas appris à s'occuper de ces pressions alors qu'ils vivent au foyer, comment pourront-ils supporter la vraie vie une fois sur leurs propres pieds?

Ainsi, alors que votre adolescent vit au foyer entouré de sécurité et nourri d'enseignement, il a besoin d'être exposé avec mesure à ces problèmes. Naturellement, je ne veux pas dire ici qu'il faille l'encourager ou lui donner la permission de vivre certaines choses juste pour le plaisir de faire une expérience. Ce que je veux dire, c'est qu'il faut *éduquer* un adolescent à se débrouiller dans la vraie vie et cela en lui permettant des privilèges basés sur le degré de confiance que vous avez en lui, sur les conséquences possibles de son comportement et sur l'aspect convenable que présente l'évènement social. Ces privilèges devraient être contrôlés afin d'être progressifs de façon à ce que vous puissiez aider votre adolescent à faire face à différents obstacles au fur et à mesure qu'ils se présentent. Il a besoin d'être bien entraîné à se débrouiller dans une grande partie des situations de cette vie. Naturellement, encore une fois, cela ne signifie pas qu'il doive participer à des activités malsaines. Au contraire, il doit apprendre à se comporter avec maturité et il doit être amené à prendre la ferme décision de ne pas se laisser contaminer par les attitudes néfastes de la société actuelle. Certes, il vous faudra du temps, de la préparation, de l'entraînement, de la conviction et de la maîtrise de soi pour arriver à susciter chez votre adolescent une telle maturité, mais vous ne le regretterez jamais.

Une des plus graves erreurs que vous puissiez faire est de croire que l'école, l'église ou d'autres organisations ont la capacité ou le désir de s'occuper de cet aspect du développement de votre enfant et qu'elles le feront pour vous, à votre place. C'est le parent qui exerce la plus grande influence sur l'adolescent et cela tout particulièrement en ce qui concerne les valeurs et la manière de vivre. Les écoles et l'église peuvent apporter une certaine aide, mais si le parent, en tout premier lieu, ne s'intéresse pas au développement spirituel de l'adolescent, il ne se comportera pas, en général, correctement. C'est négliger ses responsabilités parentales que d'envoyer un enfant en pension sans l'avoir auparavant préparé à la vie. J'ai connu de nombreux adolescents qui semblaient se comporter correctement alors qu'ils étaient à la maison, ne plus se contenir une fois qu'ils étaient loin du contrôle de leurs parents. Ils n'avaient pas appris la maîtrise de soi qui leur aurait permis d'user avec maturité de leur indépendance et de leur liberté.

163

Si vous désirez éviter cette catastrophe, vous devez guider votre adolescent alors qu'il *devient* indépendant. Laissez-le réaliser que vous êtes avec lui et non contre lui et que votre but à vous est son indépendance et sa liberté. Dans cette démarche, vous veillerez à suivre avec soin les directives qui vous indiquent que votre confiance doit être basée sur les conséquences pouvant être entraînées par les gestes de votre adolescent. Au cours des quelques derniers mois qui restent avant que votre adolescent quitte le foyer, vous pouvez progressivement lui permettre des privilèges qui seront semblables à ceux qu'il aura là où il vivra — un dortoir de collège ou un appartement. Vous allez devoir l'entraîner à se débrouiller, en faisant preuve de maîtrise de soi et en prenant ses responsabilités, alors qu'il n'aura que peu ou pas de surveillance.

Un tel entraînement met à rude épreuve les parents. Après avoir pendant des années soigneusement guidé et surveillé nos enfants, nous devons apprendre à laisser ces chéris voler de leurs propres ailes et ceci est une expérience effrayante. Elle est cependant beaucoup plus facile et constructive si nous pouvons la vivre au sein d'une équipe formée avec notre adolescent alors qu'il est encore à la maison, et selon une planification prudente et graduelle. Il faut à cette fin éliminer autant de règles que possible afin qu'il connaisse pendant quelques semaines ou quelques mois l'indépendance qui convient à un jeune prêt à quitter le foyer. Il faut être prudent à ce sujet et si nous avons bien fait notre travail d'éducation envers notre adolescent, il saura bien se conduire.

Il surgira cependant quelques conflits très courants qui pourront vous déranger: Votre adolescent pourra rentrer tard et troubler le reste de la famille; manquer d'égards en ne disant pas où il se trouvera, particulièrement à l'heure des repas; négliger de remplir une tâche ou de faire une commission alors qu'on comptait sur lui; ne pas se présenter alors qu'il est attendu à un moment ou en un lieu précis. Si une telle conduite persiste, les parents doivent faire pas arrière et à nouveau accorder les privilèges selon la confiance qu'ils peuvent avoir en leur adolescent et selon les conséquences de son comportement. Dans de telles circonstances, il semble que l'adolescent n'est pas encore prêt à assumer une pleine responsabilité de sa conduite.

Ça y est, c'est fait! Nos adolescents sont au seuil de l'âge adulte... Pourtant, leurs besoins affectifs ont peu changé depuis leur enfance. Même à cet âge avancé, ils ont encore besoin de savoir que nous les aimons sincèrement, que nous sommes disponibles et prêts à les aider de quelque façon que ce soit et pour leur propre bien. Il est encourageant de savoir qu'aussi longtemps que nos enfants sentiront que nous nous soucions sincèrement d'eux, nous pourrons continuer à avoir sur eux une influence positive qui les aidera à affermir leur indépendance.

À nouveau, la colère, ce vieil ennemi, devient pour de nombreux parents un problème. En effet, certains parents qui arrivaient à bien contrôler leur colère alors que leurs adolescents étaient plus jeunes, découvrent qu'à cette heure critique, cela est devenu réellement difficile. Mais nous devons nous rappeler que cette séparation finale est pénible pour nos adolescents. Ils vivent un processus de sevrage long au cours duquel tout ce que nous pouvons leur offrir, c'est notre disponibilité, notre support moral et notre aide. Avez-vous déjà observé une maman oiseau pousser ses petits hors du nid lorsque le temps de le faire est venu? Il n'y a pas longtemps, j'ai pu observer plusieurs nids d'hirondelles où les mamans faisaient ce travail ardu. Certains oisillons volaient sans problèmes. D'autres avaient de la difficulté à apprendre à voler et je pouvais observer papa et maman oiseau prêts à offrir leur aide à ceux qui en avaient besoin. Et puis soudain, la catastrophe se produisit. Un oisillon essaya avec frénésie de voler, mais il tomba dans les airs et l'affreux bruit mat annonça la tragédie:

L'oisillon n'était pas prêt à quitter le nid et ses parents n'étaient pas là pour l'aider dans cette dernière phase.

Un jeune, même après avoir quitté la maison, *a encore besoin de nous*, ses parents. Il a besoin de savoir que nous sommes là, disponibles et prêts à l'aider au besoin. Dans le chapitre 9, j'ai mentionné la visite que Pat et moi avions fait à Carey et à ses amis alors qu'elle était en pension au collège. Chacun de ces jeunes était heureux à l'école et satisfait de ses nouveaux amis mais ils faisaient tous la même plainte: Ils ne recevaient que peu de nouvelles de leurs parents. Les appels téléphoniques, les lettres ou les visites étaient rares.

Plus tard, nous avions répété ces réflexions à Carey et à notre grande surprise, elle avoua ressentir la même chose. Je me mis alors à réfléchir et à me rappeler mes premières journées loin de la maison. Je compris alors Carey. Se sevrer d'une bonne relation parent-enfant est un processus long et souvent douloureux. Depuis ce jour, Pat et moi-même avons pris l'habitude de téléphoner à Carey chaque dimanche soir. Nous voulons qu'elle ait la certitude que nous pensons à elle, que nous prions pour elle et que nous sommes prêts à l'aider de la manière dont elle le désire.

Les jeunes qui quittent le foyer ont également besoin qu'à la maison, tout demeure inchangé, exactement comme ils l'ont quitté. Cela les aide à se sentir en sécurité et c'est une bonne idée de conserver autant de choses que possible dans le même état, surtout lorsqu'il s'agit de leur chambre ou de leurs biens personnels. Un jeune peut se sentir terriblement blessé si sa chambre passe à un frère ou à une sœur plus jeune. Aussi, ne vous pressez pas trop pour vendre votre maison et déménager dans un appartement plus petit. J'ai entendu plusieurs jeunes dire: «J'espère vraiment que mes parents ne vendront jamais leur maison. Je veux toujours pouvoir rentrer à la maison.»

Cependant, l'ancre la plus importante qu'un jeune laisse en arrière est le lien conjugal de ses parents, et la chose la plus désastreuse qui puisse lui arriver peu de temps après qu'il ait quitté son foyer, est leur séparation ou leur divorce. C'est alors comme si les fondements de son monde s'écroulaient. Pourtant, il est étonnant de voir le nombre de parents qui ont, en fait, décidé de rester ensemble à cause des enfants mais qui ont l'intention d'obtenir un divorce dès que ceux-ci seront partis. Cela révèle un manque extraordinaire de sagesse. Non seulement cela entraîne l'écroulement des fondements de la vie d'un enfant mais en plus, cela arrive au moment précis où celui-ci a le plus besoin de soutien, au moment où il essaie désespérément de s'ajuster à une nouvelle vie, à de nouveaux amis, etc... Dans la majorité des cas, le jeune se retrouvera chargé d'un pesant sentiment de culpabilité. Même si cela paraît absolument dépourvu de sens, le jeune a l'impression qu'il est d'une manière ou d'une autre responsable ou du mauvais mariage ou du divorce. Si un divorce semble inévitable, il est de beaucoup préférable qu'il ait lieu suffisamment longtemps avant que l'adolescent quitte le foyer. Il aura ainsi le temps de surmonter ses sentiments naturels de deuil et de chagrin avec l'aide de parents, d'amis et d'un pasteur, et ce, avant d'entreprendre la tâche excessivement dure qu'est un premier départ loin du foyer.

Je connais un jeune homme, John qui, au moment où il partit pour le collège, croyait que ses parents vivaient un mariage heureux. Après son départ, en l'espace de trois mois, ils étaient divorcés. La mère se remaria peu de temps après et elle vendit la maison familiale. Depuis, John retourne rarement chez lui, car il trouve cela terriblement déprimant. La base de sa sécurité a été détruite et vous pouvez essayer d'imaginer combien son bien-être a été affecté par cet événement.

Il faut aussi veiller à maintenir un autre facteur alors que les enfants quittent le foyer à savoir, il est important qu'ils restent en contact avec d'autres sources de sécurité, de stabilité et d'accroissement que le foyer. Une de ces sources est l'église. Il est essentiel non seulement que les parents fréquentent régulièrement l'église avec leurs enfants et leurs adolescents mais encore qu'ils fassent tout en leur pouvoir pour que cette expérience soit agréable pour eux. À cette fin, il est impératif qu'ils fréquentent un bon groupe de jeunes, surtout au cours de l'adolescence. Ensuite, il est bon que nous encouragions nos jeunes alors qu'ils quittent le foyer pour aller étudier ou travailler, à s'engager dans l'église et dans des activités chrétiennes.

## Le choix d'un conjoint

Une de mes priorités en tant que parent est d'arriver à la certitude que mes enfants savent identifier les qualités qui sont à souhaiter chez un futur conjoint. Ce n'est pas une chose facile pour un adolescent que d'arriver à découvrir chez un camarade les traits qui dénotent qu'il pourrait être un bon conjoint ou un bon parent. Un jeune, parce que les sorties en tête-à-tête sont en fait des situations artificielles, n'a pas grand-chose sur quoi baser son jugement, si ce n'est le sentiment d'être bien avec la personne avec laquelle il est. Évidemment, il est désastreux de se baser uniquement sur des sentiments aussi superficiels. Je reçois régulièrement en consultation des jeunes qui ont fait cette erreur fatale. Ils se sont basés sur leurs sentiments pour décider de s'engager ou de se marier, au lieu de prendre en considération des facteurs de loin beaucoup plus importants.

Pour ma part, une des premières choses que j'ai enseignées à Carey à ce sujet, est de considérer le caractère d'un garçon en même temps que les sentiments qu'il suscitait en elle. Je lui ai aussi expliqué que le meilleur indice pour savoir comment il traitera sa femme après le mariage est d'observer comment il traite présentement les personnes pour lesquelles il n'est pas obligé d'avoir d'égards: les personnes âgées,

désagréables ou démunies. Je lui ai aussi dit de remarquer comment il agissait avec les vendeurs, les
commis, les serveuses.

Il y a une troisième chose que j'ai enseignée à
Carey et celle-là, elle y a vraiment mordu, c'est de
voir comment un garçon traite et agit avec les enfants
et, en particulier, les tout jeunes enfants. Voyez-vous
Carey a deux jeunes frères et cela lui a permis de
faire d'excellents tests. Auparavant, avant que je ne
lui révèle ces secrets, elle faisait tout pour que ses
deux jeunes frères aient disparu de la circulation
lorsque le garçon avec lequel elle devait sortir, arri-
verait. Après notre discussion, Carey se mit à demander à David et à Dale de répondre à la porte et de
parler avec son ami pendant qu'elle achevait de se
préparer. Il était intéressant de voir Carey observer
d'une cachette son ami afin de découvrir comment il
se comportait avec ses frères. Notre discussion a
réellement aidé Carey à devenir perspicace à l'égard
des garçons avec lesquels elle est sortie.

Cependant, je dois admettre qu'une fois cela s'est
retourné contre moi. Au collège, elle était tombée
amoureuse d'un étudiant et elle l'avait amené à la
maison pour nous le présenter. Et pour qu'il nous fasse bonne impression, elle lui avait spécifiquement re-
commandé de traiter avec égards ses frères David
et Dale!

Un bon conjoint ou un bon parent doit encore
avoir une autre caractéristique et c'est la capacité de
raisonner. Ce point est critique dans toute relation
conjugale et toute relation parent-enfant. Une personne qui se veut raisonnable doit pouvoir raisonner.
Elle sera alors capable d'arriver à un arrangement ou
à un compromis dans les conflits familiaux. Certes, il
est normal qu'une personne tienne à son point de
vue mais il faut qu'elle puisse accepter d'être trouvée
en tort ou de faire des compromis pour arriver à un
accord réciproque avec son conjoint ou son enfant.
D'autre part, une personne qui ne veut pas raisonner

sera presque toujours déraisonnable. Elle sera incapable d'argumenter, c'est-à-dire d'expliquer son point de vue dans un conflit et de toute évidence, elle exigera toujours que ça soit sa volonté qui prévale.

Si on recherche ces caractéristiques chez une personne, il est relativement facile de les identifier en peu de temps. On pourra le faire tout particulièrement au cours d'une situation où elle est en colère. Il faudrait se méfier d'une personne qui ne se fâche *jamais*. Il se peut qu'elle soit alors passive-agressive ou qu'elle n'ait pas le potentiel pour développer un réel attachement affectif avec qui que ce soit. Il est difficile de vivre avec l'un ou l'autre de ces caractères. Il existe cependant des personnes affectueuses qui ont un tempérament si peu émotif qu'on arrive rarement à provoquer leur colère. Je les envie mais croyez-moi, ces personnes sont *vraiment* rares.

Il existe aussi pour aider notre adolescent à choisir un conjoint, un autre point de repère qui est extrêmement important: C'est la capacité qu'a une personne à maîtriser l'ambivalence. Être ambivalent, c'est avoir des sentiments opposés envers une même personne. Bien que l'ambivalence soit difficile à détecter, je pense que la meilleure façon de le faire est est d'observer le degré de tolérance qu'a une personne vis-à-vis de différentes sortes de gens. Par exemple, considérez une personne qui a de fortes opinions intransigeantes à propos de tout. Pour elle, il n'existe pas d'endroits ombragés, il n'y a aucune place pour aucun compromis. Pour elle, les gens ont complètement tort ou complètement raison. Ils sont totalement bons ou totalement mauvais. Une telle personne ne peut pas concevoir qu'il y ait du bon et du mauvais, de l'agréable et du désagréable dans tout le monde. Nous possédons tous des sentiments ambivalents, mais c'est un signe de maturité que de savoir consciemment et correctement les prendre en main*.

---

* Pour une discussion plus détaillée de l'ambivalence, voir le chapitre 2 du livre «Comment vraiment aimer votre enfant».

Pour finir, voilà encore un bon moyen de déterminer quel genre de conjoint ou de parent une personne sera. Il est utile de surveiller la façon dont elle s'entend et se comporte avec ses propres parents, frères, sœurs, grand-parents et autres membres de la famille ainsi qu'avec ses amis de longue date. Ceci est réellement une excellente façon de savoir comment une telle personne traitera plus tard son propre conjoint et ses propres enfants.

## Soyez optimiste!

Au cours de ces quelques pages où nous nous sommes entretenus sur les jeunes, nous avons parlé de certaines choses douloureuses mais nous espérons également vous avoir dit comment nous *pouvons* et nous *devrions* être optimistes et pleins d'espérance à leur égard et à l'égard de leur avenir. Oui, il est vrai que beaucoup de nos jeunes ont de graves problèmes et que certains d'entre eux en ont de sévères, mais il est aussi vrai qu'il y en a qui vont admirablement bien et ils sont pour moi une réelle source d'encouragement. Il n'y a pas longtemps, les jeunes gens du collège de notre église se sont réunis chez nous pour une agape. Combien cela m'a fait du bien de voir ces jeunes gens sympathiques, chaleureux, sains, pleins de maturité et de vivacité! Ils m'ont donné la preuve que nos efforts ne sont pas vains.

Cher parent, ce livre sur les adolescents a été écrit expressément *pour vous* par un autre parent. Mon désir le plus profond est de voir mes enfants et les vôtres se développer et devenir des adultes forts, sains, heureux et indépendants. Il se peut que certains passages de ce livre soient difficiles à saisir dès la première lecture et c'est pourquoi je me permets de vous suggérer fortement de relire ce livre afin que l'information qu'il contient puisse se concrétiser dans votre vie personnelle. Nous avons tous besoin de nous rappeler constamment comment vraiment aimer nos adolescents.

# Table des Matières

**Dans la même collection
chez Publications ORION:**

*Comment vraiment aimer votre enfant*
Dr Ross Campbell

*Les enfants en colère*
Dr Ross Campbell

*Aimer et agir*
Dr Ross Campbell

*Le parent seul*
Robert G. Barnes

*La dépression au masculin*
Dr Archibald D. Hart

IMPRIMÉ AU CANADA